佐賀偉人伝──12

副島種臣

森田朋子
齋藤洋子
著

佐賀偉人伝12　副島種臣目次

副島種臣（安政年間）

第一章　副島種臣略伝

生い立ちと家庭教育

副島種臣《そえじまたねおみ》は文政十一年（一八二八）九月九日、父枝吉忠左衛門種彰《えだよしちゅうざえもんたねあき》（号は南濠《なんごう》）と母喜勢《きせ》の次男として、佐賀城南堀端赤松町に生まれた。名は次郎、後に二郎、龍種《たつたね》、種臣。蒼海《そうかい》、一々学人《いちいちがくじん》と号した。三十二歳の時に副島利忠の養子となって家名を嗣いだ。

父南濠は、晩学でありながら藩校弘道館の教諭となり子弟の教育にあたった。特筆すべきは、主君への忠節が第一とされた封建社会にあって、南濠が「日本には天子の外に君無し」と、日本一君論を主張したことである。南濠の思想は、長子経種《つねたね》（号は神陽《しんよう》）、副島へと受け継がれた。

嘉永三年（一八五〇）五月二十五日、神陽は従兄弟の島義勇《しまよしたけ》らと計り、楠公義祭同盟《なんこうぎさいどうめい》を組織した。義祭同盟は、楠木正成《くすのきまさしげ》父子の木像を祭り、彼らの尊皇精神を学ぶことを目的とした集まりであり、幕末佐賀における勤王運動のはじまりであった。副島自身、「我輩は兄等の教育を受けて居るものであるから、物に依て

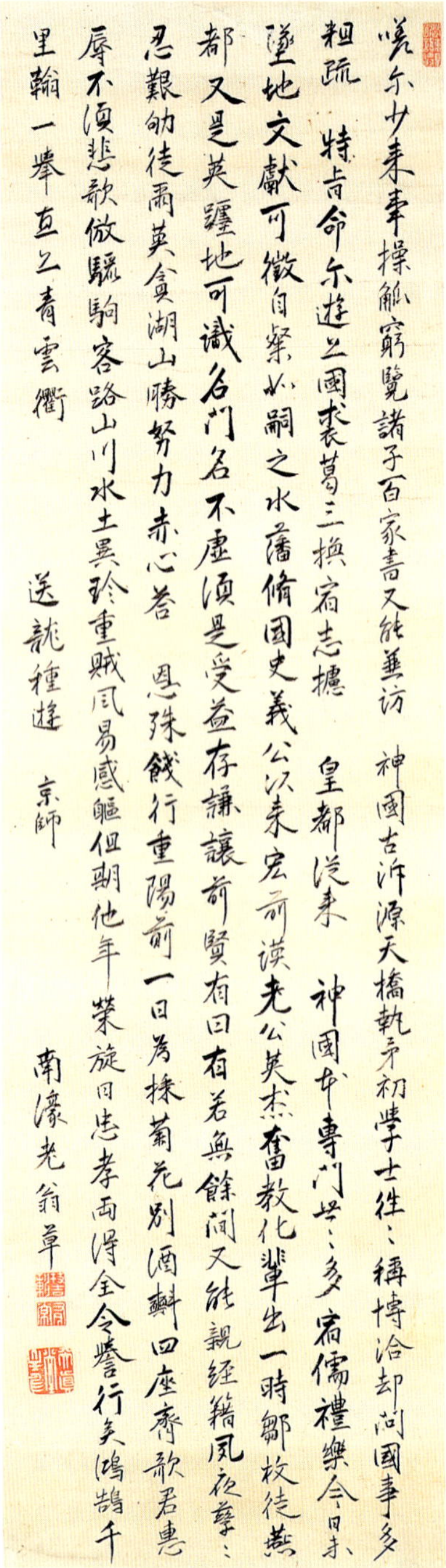

枝吉南濠書「送龍種遊京師」　副島種臣が京都に遊学するにあたって父が与えた書

矢野玄道／大洲市立博物館蔵

大原重徳／京都大学附属図書館蔵

吾が言ふ所は兄の言ふ言葉なりとなる」と、兄枝吉神陽の影響が絶大であることを語っているように、こうした家庭環境の中で成長したことは、副島の思想、行動に多大なる影響を与えた。

佐賀藩時代

少年時代の副島は、秀才と称された兄神陽や弟豊三郎とは反対に、周囲の人々から愚鈍と見られていた。しかし一念発起して勉学に励み、嘉永元年（一八四八）、二十一歳で弘道館内生寮首班となった。同三年、神陽が主導した義祭同盟結成に参加、同五年に藩命により京都に留学し皇学を研究した。京都で副島は、昌平坂学問所で神陽と親交があった国学者矢野玄道《やのはるみち》や当時勤王家として知られていた田中河内介《たなかかわちのすけ》を訪ねた。安政二年（一八五五）、副島は藩命により再び京都に留学する。この時、大原重徳《おおはらしげとみ》らと面会し、青蓮院宮《しょうれんいんのみや》に仕えていた伊丹重賢《いたみしげかた》から、朝廷のために佐賀藩の兵をそれとなく五十もしくは百名を京都に入れて欲しいとの申し出を受け、承諾した副島は、帰藩して兄神陽を通じて藩主鍋島直正《なべしまなおまさ》に献言した。しかし、折しも安政の大獄による捕縛者が続出していたため、直正は副島の身を案じ禁足を命じた。

安政六年（一八五九）三月、副島家の養子となり、同時に藩校の教諭となった。そして文久元年（一八六一）には、江戸藩邸内で江戸詰めの者が文武の稽古をする明善堂の文武心得として江戸に派遣される。しかし翌二年、佐賀藩士中野方蔵《なかのほうぞう》が和宮降嫁の際、義兵を企てた嫌疑により捕縛されると、詮議の手が副島にも及

蕃学稽古所の佐賀藩士たち（慶応三年）
右から、中山彬、中野健明、大隈重信、堤薫信、小出千之助、相良知安、副島種臣、中島永元、副島要作

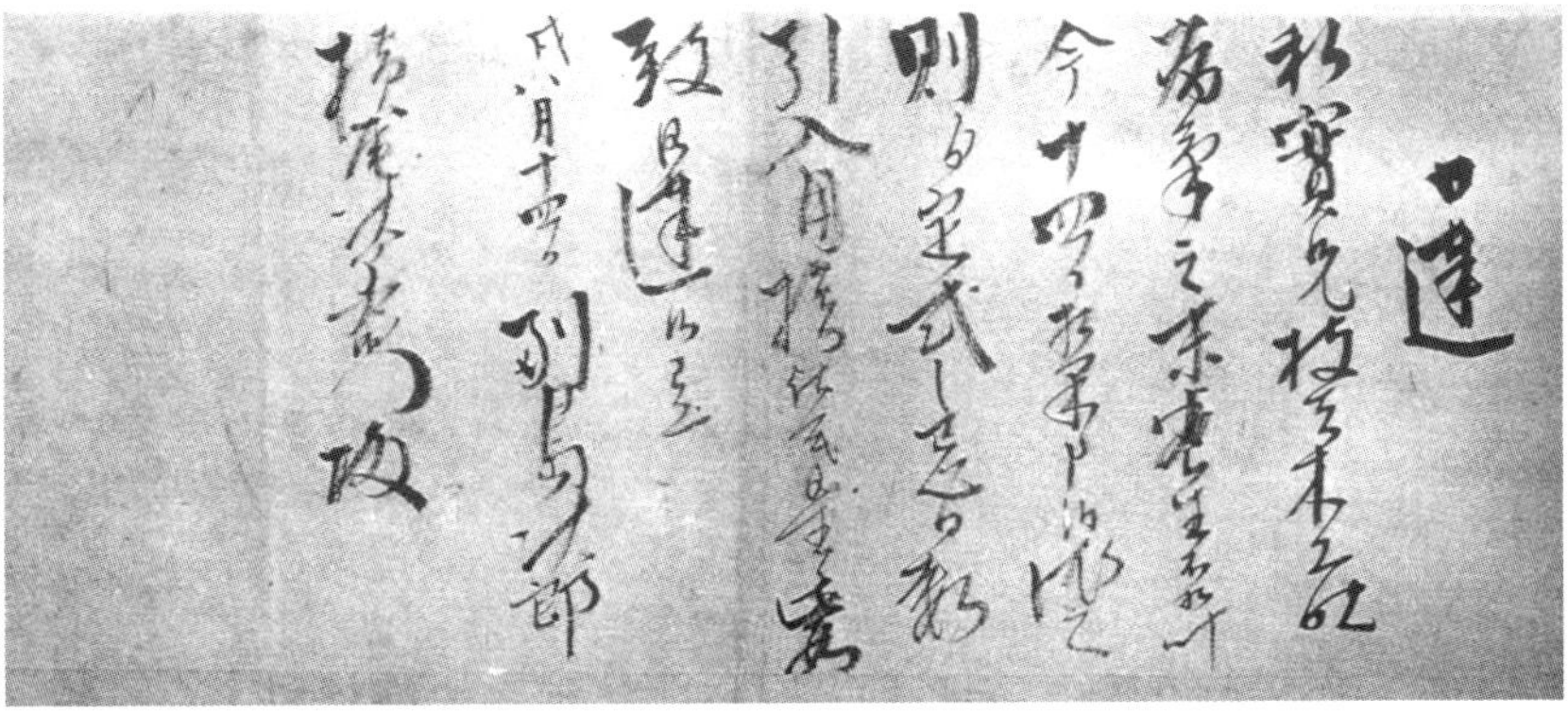

副島種臣が提出した兄枝吉神陽の訃報
『蒼海梧竹の書』佐賀県立博物館

ぶことを恐れた藩吏によって、旧藩主の御側という名目を与えられ佐賀へ送還され、再び他藩文通禁制を命じられた。この年八月、副島は尊敬する兄でありかつ崇拝する師であった神陽をコレラで亡くした。

長崎での英学修行

慶応元年（一八六五）頃、副島は大隈重信《おおくましげのぶ》の誘いに応じ、長崎で英学修行を開始し、翌年、藩の英学校「蕃学稽古所《ばんがくけいこしょ》」（慶応四年八月に致遠館《ちえんかん》と改称）が設置されると、舎長に任命された。米国人宣教師フルベッキを教師に招き、新約聖書やアメリカ憲法を学んだ。

第二次長州征伐の失敗、薩長同盟の成立と幕府の衰退が明らかになっても、佐賀藩は佐幕とも勤王とも旗色を鮮明にしなかった。そこで副島は直接幕府に大政奉還を説くため、慶応三年（一八六七）三月、大隈とともに脱藩上京したが、五月には佐賀に送還され、年長の副島のみが謹慎を命じられた。そして、慶応四年一月、謹慎を解かれた副島は再び長崎に向かった。

維新政府での活躍

鳥羽伏見の戦いの報せが入り、長崎奉行が遁走すると、副島は大隈や土佐の佐《さ》佐木《さき》高行《たかゆき》、薩摩の松方正義《まつかたまさよし》ら諸藩の有志らとともに、無政府状態に陥った長崎を管理した。衆議の結果、副島が各国領事との交渉に当たり、王政復古を告げ、従来どおりの関税納付を求めた。仏国領事が、公使の命を受けるまでは従えないと

副島種臣（41 歳）

副島種臣（四十一歳）

福岡孝弟／国立国会図書館ＨＰ

申し出ると、副島は、それならばそのあいだ貿易もしないつもりかと反論し、承服させた。これを報告に京都に行くと、神戸でも仏国領事が新政府を承認していないと聞き現地に赴き面会、承諾を得た。この時の手腕が評価され、慶応四年（一八六八）三月、副島は維新政府の参与となり制度事務局判事に任ぜられた。出仕直後副島は、福岡孝弟《ふくおかたかちか》とともに、政体書の起草に従事し、明治二年（一八六九）七月に制定された職員令の起草にも深く関与した。副島がこうした重要な仕事に従事することができたのは、幕末に兄神陽から学んだ豊富な知識があったからである。神陽は、古典を重んじ、弟子たちに『日本書紀』『古事記』『令義解《りょうのぎげ》』などを暗記させた。

後年副島は、「凡《およ》そ済世の志望をして堅固ならしむるの道は、先《まづ》歴史の門より入りて其基礎を築くにあらん、法律経済の頭脳のみを以てするものは、未だ甚だ頼み難きを覚ゆ」と語っている。神陽から受けた薫陶は、副島の思想の根幹となり、それゆえに、政府内でも一目置かれる存在となった。何《なん》となれば、岩倉具視《いわくらともみ》や大久保利通《おおくぼとしみち》も、諸事立案に当たり古例に照らし合わせる際は、副島を頼みとしたからである。

明治二年七月に参議に就任した副島は、「皇国を万国に輝」かすためには、国内の「制度文物」を完整しなければならず、そのためには法律改正が必至であると考えた。そして、箕作麟祥《みつくりりんしょう》にナポレオン法典を翻訳させるなど、「一大法典」を編纂すべく精力的に取り組んだが、政務が多端となったため、法典編纂は同郷の江藤新平《えとうしんぺい》に引き継ぎ、その後は専ら外交問題を担当するようになった。

四年五月、樺太境界問題の交渉を命ぜられ、ロシアのポシェット湾に向かったが、ロシア側の意向により交渉は延期となったため、北海道内を視察し、七月に東京へ戻った。この間政府内で、三条実美《さんじょうさねとみ》の太政大臣就任が決定する。副島は、職員令の起草に際し、「太政大臣を置くと、権殆《ほとん》ど主上に迫るに依って、そこで御為になるまい」という理由から太政大臣を置かなかった。にもかかわらず、自分の留守中に反対していた太政大臣が設置されたことに抗議し、参議を辞任した。

その後、岩倉使節団派遣が決定すると、四年（一八七一）十一月、岩倉具視の後任として副島は外務卿に就任した。後年、大隈重信が外務卿時代の副島を「最も得意な時代」と称したように、マリア・ルス号事件や清国との交渉など、外務卿としてその手腕を存分に発揮した。しかし、六年九月に岩倉使節団が帰国すると、朝鮮への使節派遣、いわゆる征韓論をめぐり政府は二分した。副島は、西郷《さいごう》隆盛《たかもり》、板垣退助《いたがきたいすけ》らとともに、使節派遣を主張したが敗れ、十月二十四日、辞表を提出、野に下った。

民撰議院設立建白書の提出

明治六年政変で下野した副島は、翌七年（一八七四）一月十二日、前参議の板垣退助、後藤象二郎《ごとうしょうじろう》、江藤新平らとともに愛国公党を結成し、十七日には民撰議院設立建白書を左院へ提出した。彼らは、現在の政権は一部の政治家が独占する有司専制であると批判し、「天下の広義」を張るためには「民撰議院を立るに在る而已《のみ》」と主張した。

古沢滋／国立国会図書館ＨＰ

建白書は、英国留学から帰国した古沢滋《ふるさわうろう》が起草し、「主として君主専制を咎《とが》め、之《これ》に代ふに議院政治を以てせむ」とする内容であったため、副島は、「君主専制」の文字を「有司専制」に改めさせた。草案どおり「君主専制」の文言があったならば、明治政府の前提である天皇親政体制を否定することにもなりかねず、建白者らは政府への反逆者と看做され、政治生命が絶たれる危険性さえあったと言っても過言ではない。副島の指摘は重要な意味を持ったのである。

一方、政府は、建白者らが民撰議院設立を謳い文句として反政府勢力を結集し、「私心を挟んで政権を奪はんとする者」ではないかと警戒した（『自由党史』）。そしてその後も、建白者らは「政府と反対論者」であるという認識を容易に改めることはなかった。

民撰議院設立建白書提出は、議会制度の創設についての知識と関心を世間に広め、自由民権運動の契機となったが、建白書に名を連ねたことは、後年まで副島の政治的立場に影響を及ぼすことになった。

佐賀の乱と清国漫遊

民撰議院設立建白書に連署した江藤新平は、提出を待たずに佐賀へ帰郷した。佐賀で征韓党が組織され、代表者が上京し、副島と江藤に対し帰郷して人心を鼓舞して欲しいと懇願したためである。二人は一旦これを承諾したが、板垣から、二人の帰郷はかえって危険であると反対されたため、江藤のみが帰郷した。しかし多くの人々が案じていたように、帰郷した江藤は激昂する子弟をおさえること

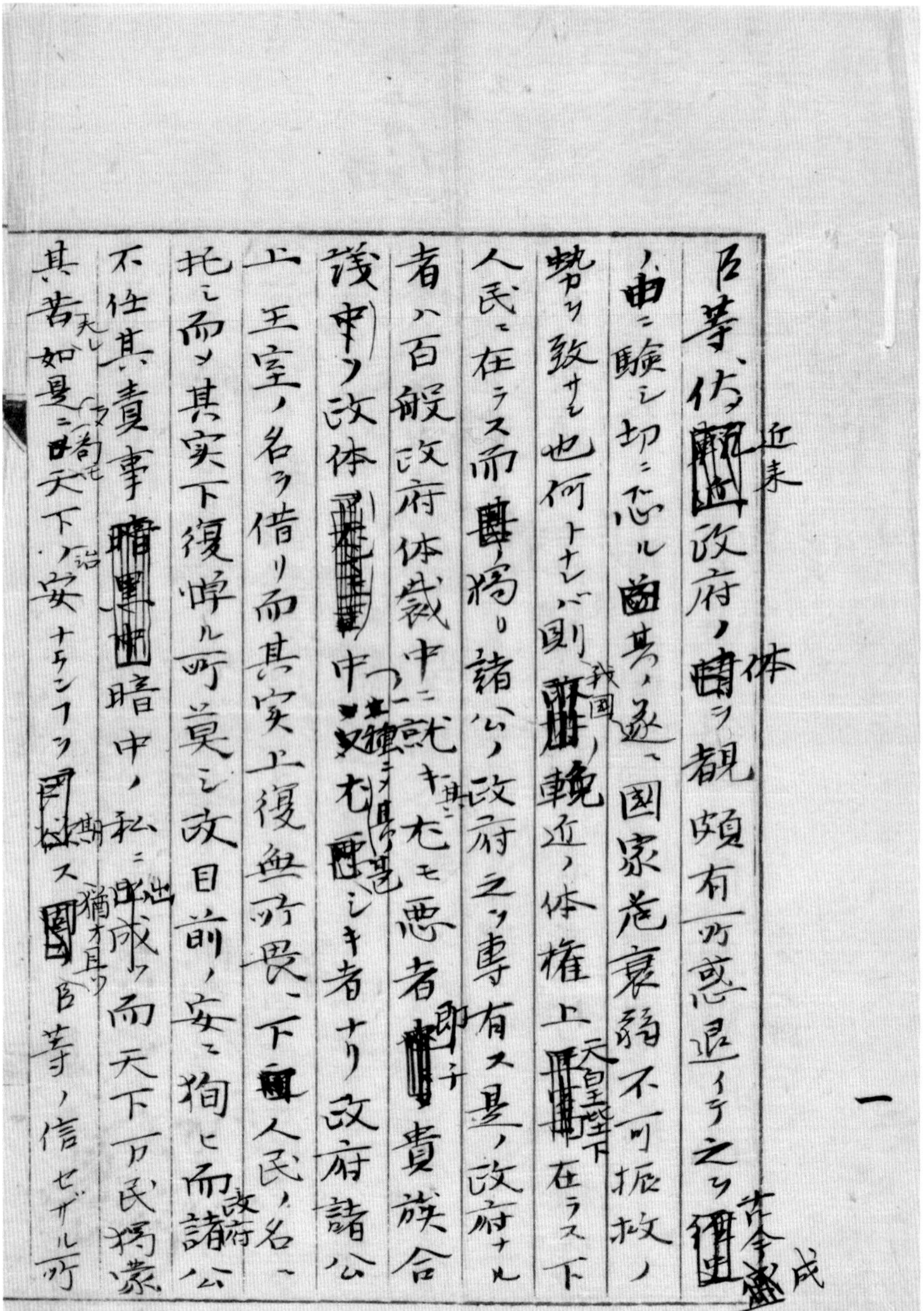

民撰議院設立建白書（古沢滋の草稿）／国立国会図書館憲政資料室蔵

はできず、刑場の露と消えた。副島も帰郷していれば同じ運命を辿っていたであろう。江藤一人を帰郷させてしまったことに自責の念に駆られ、さぞ苦しんだに違いない。

その後副島は、神典研究に没頭する。何かに心を注がなければいられなかったのであろう。この頃副島は、霊学者本田親徳《ほんだちかあつ》と親交を持ち、九年には本田が審神者《さには》になって帰神《かむがかり》を修したという。また、幕末豊後岡藩の勤王運動の先駆者であった小河一敏《おごうかずとし》と親交し、皇統に関する意見を交換している。しかし、どれほど学問に没頭しようとも、佐賀の乱によって親類知己を失った心の傷が癒えることはなかった。

この間、何度か任官の誘いはあったが応じることなく、九年秋から十一年春にかけて、二度にわたり清国を漫遊した。

侍講就任

明治十二年（一八七九）四月、副島は宮内省御用掛兼一等侍講、侍講局総裁に就任した。副島は、火曜日には天皇に大学・中庸・尚書（書経）を順次進講し、木曜日には皇后に進講した。また、元田永孚《もとだながざね》も陪侍し、副島の講説を補助するなどした。

侍講就任後も、副島は常に忌憚のない意見を述べたため、時に政府要路者から疎まれた。副島も俗世に嫌気がさし、たびたび辞職を願い出たが、天皇の慰留により職にとどまった。

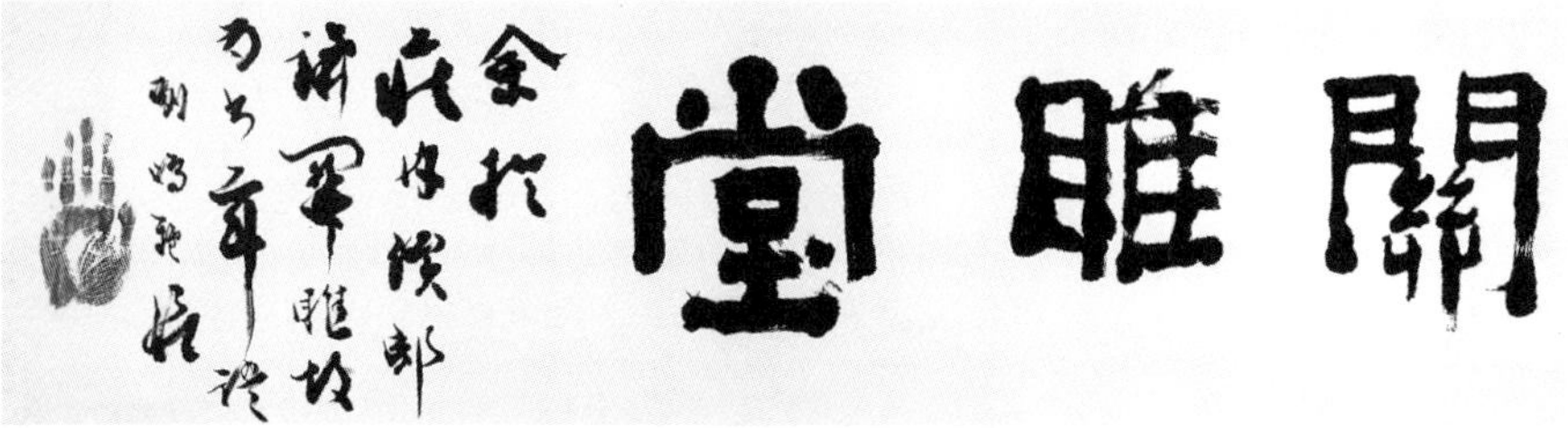

副島種臣書「関雎堂」　余於荘内侯邸講関雎。故為書茲語。副島種臣。
庄内侯邸講堂に掲げられた／公益財団法人致道博物館蔵

その後、十九年二月の宮内省官制改革に伴い宮中顧問官へと転じ、二十一年四月の枢密院設立と同時に顧問官に任ぜられた。

副島と庄内

明治二十二年（一八八九）頃、副島は鉱山への投資に失敗し、多額の負債を抱え込んだ。さらに、二十三年二月に、日本橋柳町の建物購入に際し詐欺にあい、一万円を消費した。

副島の苦境を救ったのは、庄内の菅実秀《すげさねひで》や酒井家であった。明治二十三年、上京し副島を訪ねた庄内人富田利騰は、副島がひどく悄然としているのに驚き理由を尋ねると、三万円の負債を負い返済に窮していると答えたため、菅への相談を勧めた。

菅は維新後、庄内藩を代表して維新政府と交渉にあたった人物であり、それが縁で西郷隆盛と親交を結んだ。征韓論争後帰郷した西郷を、菅は鹿児島に訪ねている。菅は、副島に西郷を彷彿とさせるものがあると感じ、明治二十年に富田ら三人を東京に遣わし、副島の訓《おし》えを受けさせた。明治二十二年二月、憲法公布の恩赦により、西郷が賊名を除かれ贈位されると、翌年、庄内の人々は『南洲翁遺《なんしゅうおうい》訓《くん》』を刊行した。副島は、序文を依頼され快諾した。

富田の言葉に勇気づけられた副島は、菅に書翰をしたため窮状を訴えた。菅は「副島先生とわれわれとは、道義をもって結んだ間柄だ。この人と信じて一たび手を握ったからには、見過ごすことはできないではないか」といって、酒井家から二万円が副島に送られた。
翌年、副島は、返礼のため庄内を訪ね、前年の厚誼に応えて人々に詩経を講じた。この時に副島が揮毫した書が、今も庄内に多数残されている。

内務大臣就任

明治二十五年（一八九二）二月十五日、第一次松方正義政権下で実施された第二回衆議院総選挙は、政府の激しい干渉により、各地で死傷者を出す流血の惨事となった。選挙後、選挙干渉をめぐり政府内からも、品川弥二郎内務大臣の責任を追及する声があがり、品川が辞任すると、三月十一日、副島が内務大臣に就任した。

副島は、選挙干渉の善後策として板垣退助を訪問するなど、官民融和につとめた。しかし、第三議会が開会すると、選挙干渉問題で審議は紛糾した。さらに、前年の濃尾震災で生じた予算外支出の事後承諾問題の対応をめぐって、民党の要請を受け入れ実地調査をして議会答弁をしようとした副島内相と、調査不要を主張する内務次官白根専一が激しく対立した。閣議が白根に同調したため、六月五日、副島は辞表を提出した。結局、八日に辞表が受理され、副島はわずか三ヵ月で内相を辞任、同日付で再び枢密院顧問官に任ぜられた。

東邦協会

東邦協会は、明治二十三年一月、小沢豁郎・白井新太郎・福本誠の三名が発起

南洲翁遺訓一巻
雖區〻小冊子乎嘗
令之時有足觀于
故大將之威容之
儼其聲音之洪者
蜀頃也髴之仔憶

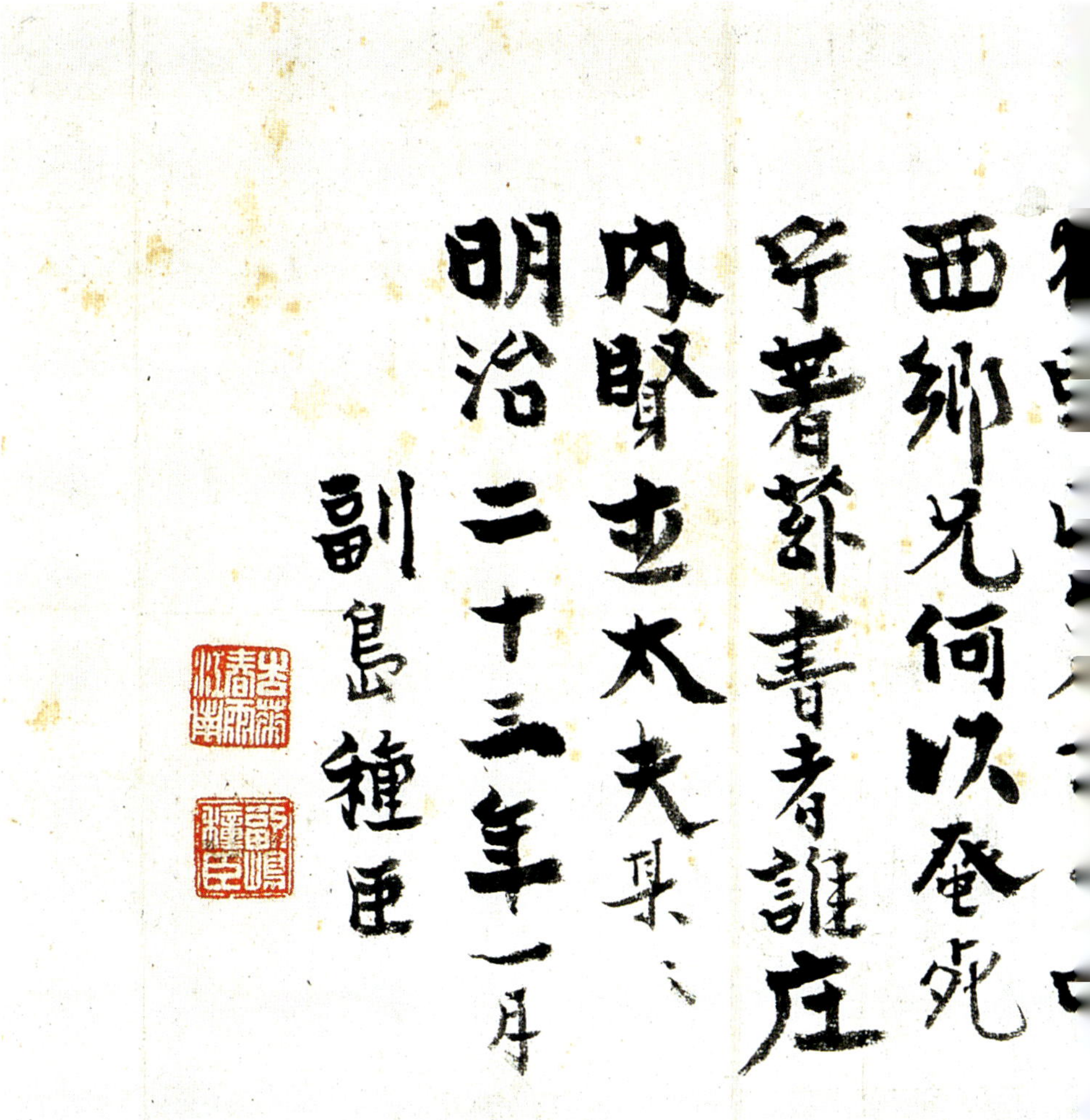

副島種臣書「南洲翁遺訓序」　南洲翁遺訓一巻。雖区々小冊子乎。当今之時。有足観于故大将之威容之儼。与声音之洪者。独頼此篇之存。噫西郷兄。何以蚤死乎。著茲書者誰。庄内賢士太夫某々。明治二十三年一月。副島種臣。／同前

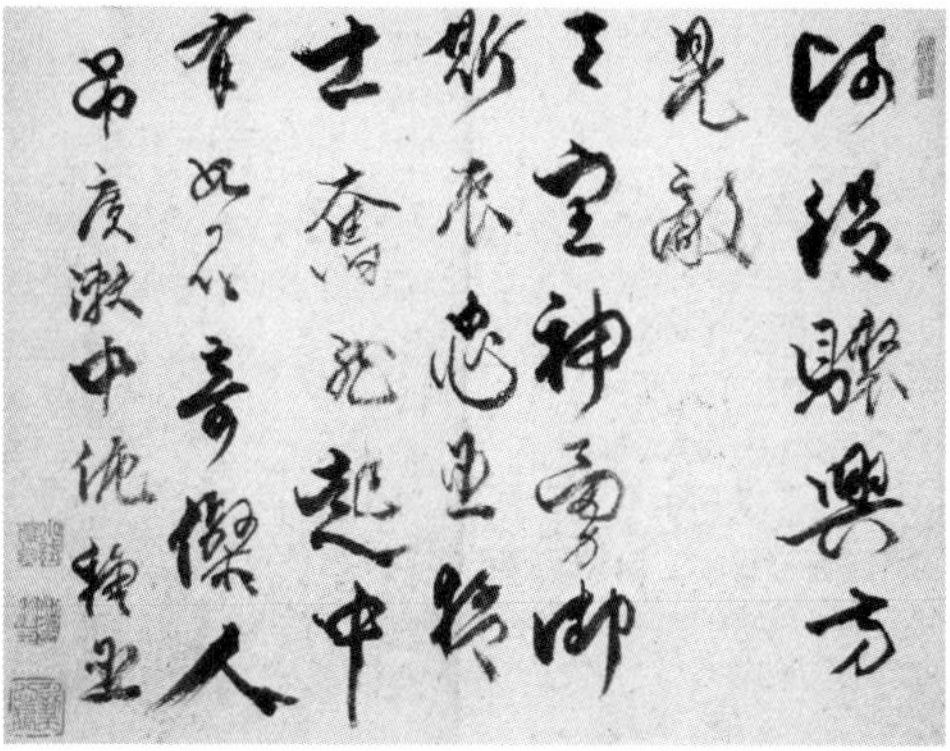

副島種臣書「弔広瀬中佐」 師役驟興方見敵。天皇神勇御斯辰。 忠臣猛士奮然起。 中有如君奇傑人。 弔広瀬中佐。 種臣。
広瀬神社蔵（資料提供：竹田市立歴史資料館）

し、賛同者を得て、翌二十四年五月に設立された団体である。

「東洋の先進を以て自任する日本帝国は近隣諸邦の近況を詳かにして実力を外部に張り、以て泰西諸邦と均衡を東洋に保つの計を講ぜざる可らず」という設置趣旨に基づき、「東洋諸邦及び南洋諸島に関する地理・商況・兵制・殖民・国交・近世史・統計を講究すること」を事業目的とした（安岡昭男『副島種臣』）。

副島は、発起人らに推されてまず創立役員中の監理者となり、設立時に会頭空位のまま副会頭に就任し、二十五年に会頭を引き受け、終身その地位にあった。人々が副島に会頭就任を懇請したのは、副島の外交政策への卓見と、朝野にわたる広い人脈への期待からであろう。

発足時には一〇二名であった会員も、明治三十一年には一三〇〇余名を数え、機関紙の発行、講談会の開催、視察員の海外派遣、ロシア語学校の経営、帝国議会への建議、支那調査会の設立、そして出版事業と広範囲に及ぶ活発な活動が展開された。

副島は、協会の活動に熱心で、月二回の評議会はじめ、諸行事にも参加するなど協会の発展に尽力した。

晩年の副島

明治三十年代に入ると、副島は、持病のリューマチもあり枢密院会議や東邦協会の会合にも欠席することが多くなった。しかし、日露開戦三ヵ月前の枢府会議では、主戦論を弁じて政府を鞭撻した。

青山墓地の副島種臣墓所

高伝寺の副島種臣墓石

明治三十七年（一九〇四）二月、ロシアとの戦端が開かれると、新聞の号外を買い集め、記事内容の真偽に拘わらず居間の壁に貼り付けた。そして、出征した娘婿枝吉《えだよし》歌磨《うたまろ》中佐が旅順二百三高地で戦死すると、「自分は強弁論を述べてきたので、これで世間に顔向けができる」と語った。また、旅順港閉塞作戦で部下を救出しようとして戦死した、広瀬《ひろせ》武夫《たけお》に弔辞を送り彼の武勇を称えた。

明治三十八年一月三日の朝、旅順陥落の報せを聞くと、嬉しさのあまり筆をとり、

天皇覧賀御楓宸　天皇覧賀　楓宸に御す
万戸旗竿昇旭新　万戸の旗竿　昇旭新たなり
此日敵人納降至　此の日　敵人　降を納れて至る
由来元旦是嘉辰　由来　元旦　是れ嘉辰

と書し、息子道正に命じて、あるだけの印を捺させた。これが副島の絶筆となった。

副島は晩年も、いたって元気であったが、一月三十日、突然発病、天皇・皇后より見舞いとして菓子一折を賜ったが、同日夜半、七十八年の生涯を閉じた。副島の死が天聴に達すると、旭日桐花大綬章が授与され、天皇より祭資金五千円が、皇后より千円が下賜された。二月四日、衆議院は江藤新作が提出した、副島への哀悼の詞を満場一致で可決した。

二月六日の葬儀には、勅使として片岡利和侍従が派遣され、幣帛が下賜された。副島の棺は、生前の希望に従い常陸山の指揮のもと、力士二十名に担がれ青山墓地へと運ばれた。会葬者は千数百名をかぞえ、朝野の人々が副島との別れを惜しんだ。

副島の遺骸は青山墓地の副島家墓所に葬られ、遺言により墓の木標には「副島種臣之墓」と記され、後に佐賀高伝寺境内にある枝吉家墓所内にも墓が建立され、中林梧竹の筆により「伯爵副島種臣先生墓」と刻まれた。

〈齋藤洋子〉

副島種臣書「神陽先生拝楠神図賛」　音吐如鐘眼如炬。端然威貌拝楠神。勤王精魄真伝得。興起肥前百万民。弟副島種臣拝首。于時聞枝吉少佐死于二百三高地之役。未多日漫然書此。恐不成章。少佐者神陽先生之養嗣子也。　副島種臣の書に枝吉神陽の養嗣子である枝吉歌麿中佐が戦死したことについて記されている

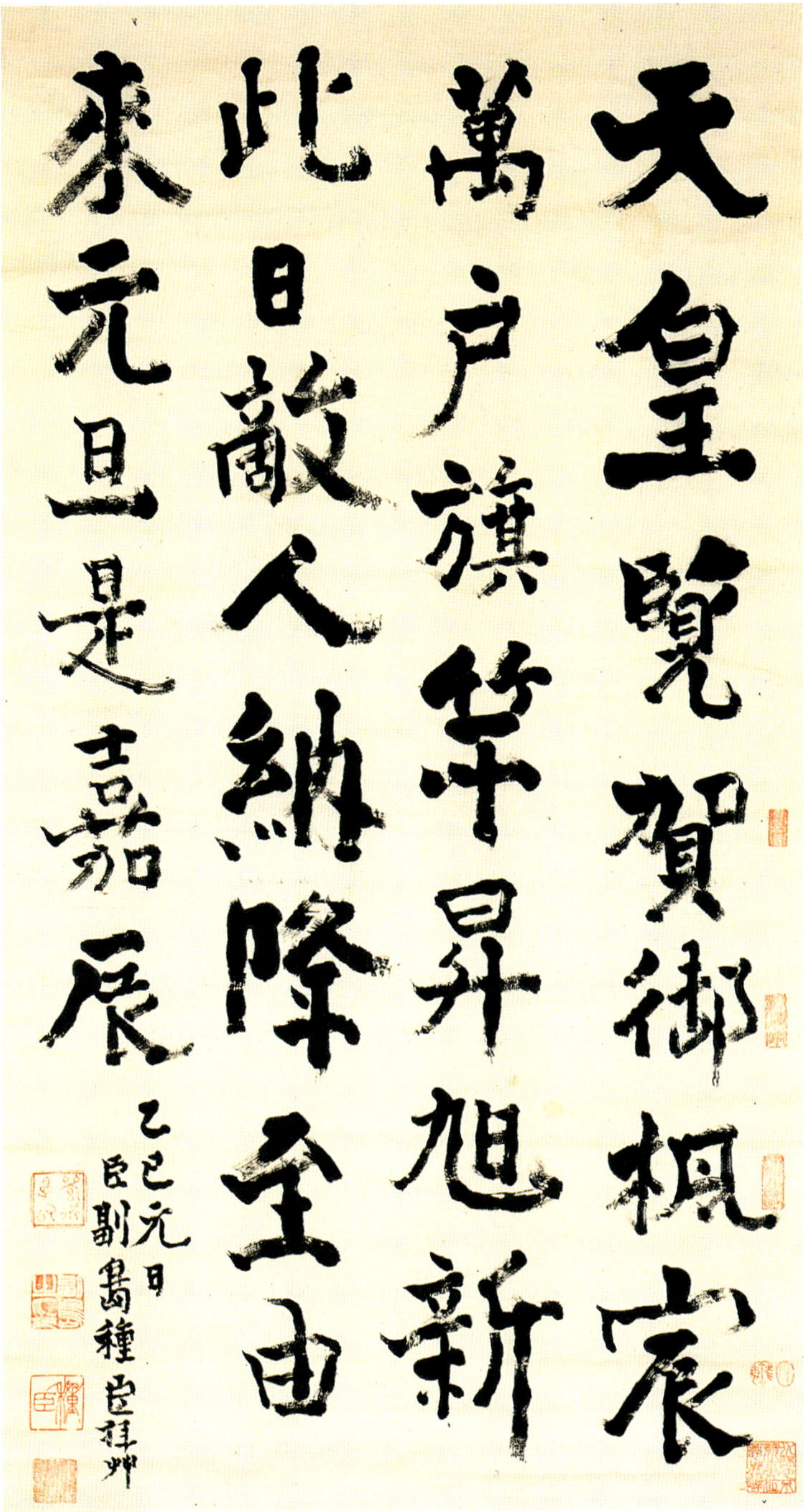
天皇覽賀御楓宸
萬戸旗竿昇旭新
此日敵人納降至由
來元旦是嘉辰
乙巳元日
臣副島種臣拜艸

副島種臣書「乙巳元日」（絶筆） 天皇覧賀御楓宸。万戸旗竿昇旭新。此日敵人納降至。由来元旦是嘉辰。乙巳元日。臣副島種臣拝艸。／佐賀県立美術館蔵

第二章　外務卿副島種臣

外務卿就任以前の副島種臣

ここからは、「国権外交」ともよばれた第三代外務卿副島種臣の外交に焦点をあててみよう。当時の日本外交は、不平等条約体制のもとに欧米の主張を受け入れざるをえなかったイメージが強いが、そうしたなかで「攻め」の姿勢で臨んだ副島外交は異彩をはなってみえたようである。

副島の外交経験は、明治新政府による長崎接収から始まる。鳥羽伏見の戦いののち、長崎奉行は長崎を放棄して江戸へ逃げ帰った。その後の長崎接収について外国領事との話し合いは副島が担当した。彼はその後もいくつかの外交事案にかかわったが、ここではロシアとの交渉について紹介しておこう。

明治三年（一八七〇）十一月三日、副島と寺島宗則《てらしまむねのり》は来日していた駐清ロシア代理公使ビュッツォフと会談し、樺太国境画定問題の交渉について話し合った。副島は事前にビュッツォフと意見交換をし、改めてロシアのポシェット湾（ロシア沿海地方）において交渉をおこなうことに決定した。その後、ロシアからは会

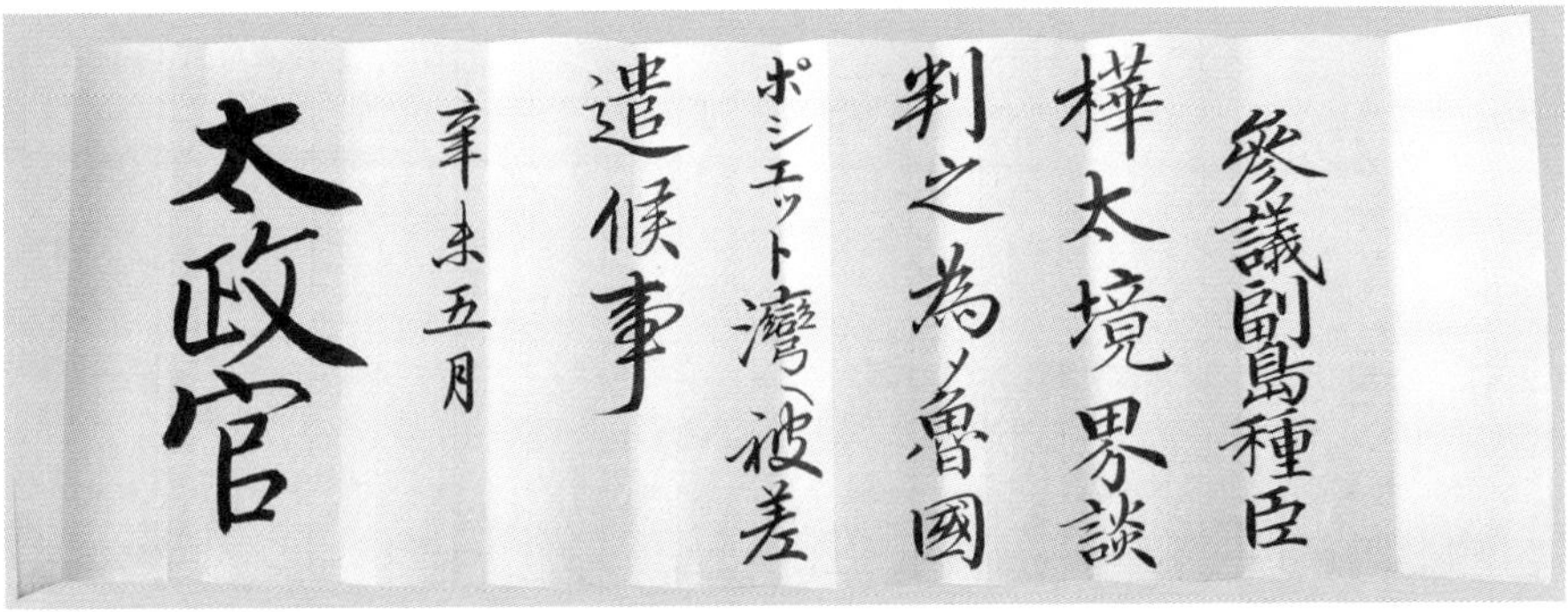
参議副島種臣
樺太境界談判之為メ魯國
ポシエット灣ヘ被差
遣候事
辛未五月
太政官

副島種臣ポシェット湾派遣辞令／国立国会図書館憲政資料室蔵

談開催の通牒が来なかったが、交渉予定日に日本使節がポシェット湾に到着できないような失態を避けるため、ロシアからの通告がないまま、明治四年五月、副島をポシェット湾へ派遣した。命を受けた副島はまずは函館へと出発した。この任命書では、ロシアは最も近く最も厚い友好関係が必要だと認識されている。

国境談判について否定的な在函館ロシア領事オラロウスキーにとって、副島の訪問は不意打ちであったことだろう。副島はロシア使節の到着を待ち、一ヵ月以上も函館に逗留した。七月に入り、ようやくロシア本国から在函館領事が電信で得た回答は、来春ビュッツォフを駐日ロシア公使として日本へ派遣するので、彼と交渉されたいというものであった。副島らは何も交渉できないまま東京へと帰還することになったが、副島にとってビュッツォフは「兼々《かねがね》懇親」の人物であると喜んだ（『日本外交文書』三巻二三七）。

明治五年四月、ロシア初の駐日公使となったビュッツォフが東京に着任すると、副島は彼との間に強い信頼関係を築いていった。副島はロシア正教のニコライ堂の建設にも助力し、息子をニコライ門下として勉強させた。副島が清国へ派遣され日本を不在にした際には、ビュッツォフは他の人物との交渉を拒み、副島が帰国するまで国境交渉を中断するほどであった。後述するように、マリア・ルス号事件の解決に際してもロシアは重要な役割を果たすことになるが、副島とロシアの親密な関係の存在をまずは心に留めておかなくてはならない（「マリア・ルズ号事件と露日交流の見直し」）。

副島外交の特徴はビュッツォフのみならず、各国公使と親密な関係をもってい

ニコライ堂（東京・御茶の水）／日本建築学会図書館蔵

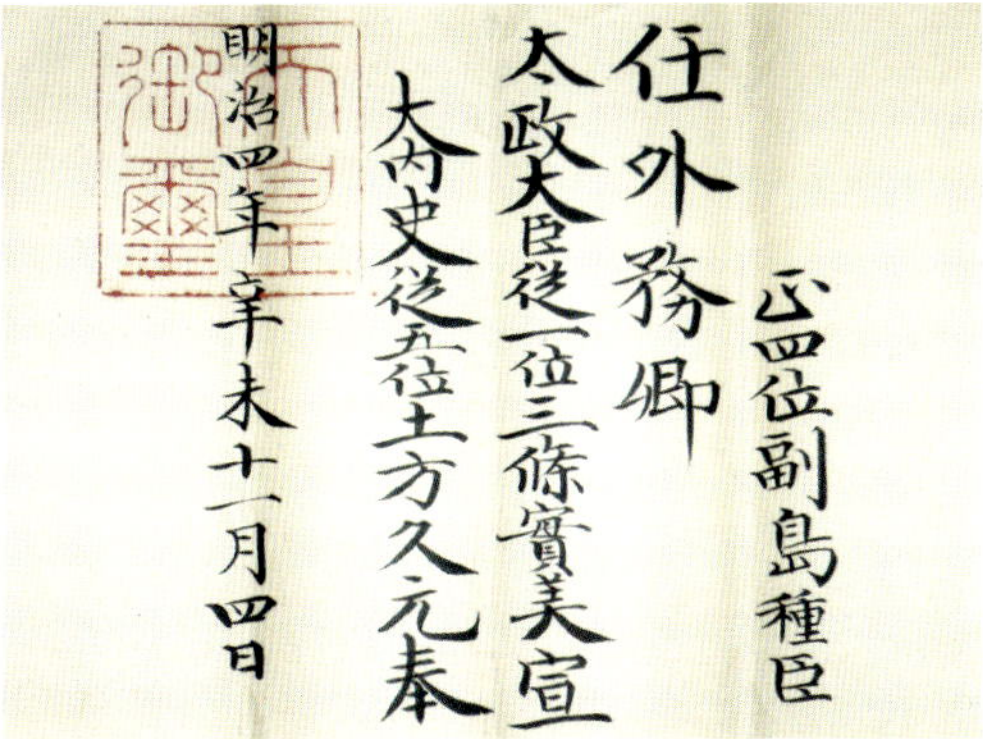

副島種臣外務卿辞令
国立国会図書館憲政資料室蔵

たことにある。アメリカ公使デロング、イギリス代理公使ワトソンらは、副島にとってよき助言者であり情報提供者でもあった。副島は東京に牧場をもち、外国人へ肉料理をふるまっていたというが、こうしたことも各国公使との距離を縮めることに成功した一因であろう。また、副島は外国公使だけでなくお雇い外国人からも強い信頼を獲得した。外務省お雇いのスミスやリジェンドルに大きな権限をもたせたり、彼らの助言を真摯に受けとめ実行した。また、後述する英国のホーンビーや清国の李鴻章《りこうしょう》とも、時間的には十分なものではなかったであろうが、親しく交流をしている。なぜ副島はこれほど内と外の外国人と良好な関係を築けたのであろうか。答を出すのは容易ではないが少なくとも外交官にとってもっとも必要な社交的魅力に長けていたことは間違いあるまい。多くの外国人が副島に進んで手を差しのべ、一方で彼を利用した。同様に副島も彼らに支援を求め利用した。この互恵的バランスこそが「国権外交」へつながる背景となったのであっただろう。

外務卿副島種臣の誕生

明治四年（一八七一）十一月四日、欧米へ派遣される使節団の代表となった第二代外務卿岩倉具視の後任として、副島種臣は第三代外務卿に任命された。岩倉使節団というと、明治政府の一大事業である条約改正交渉の嚆矢としてよく知られているが、条約改正交渉をすることは派遣時の予定にはなかった。もちろん政府は、幕府から引き継いだ日米修好通商条約の中、第十三条には一八七二年七月四日以降に改訂可能であることが明記されていることを承知していたが、今回の派遣では、条約改正交渉を希望するという打診にとどめる予定であった。しかし、最初の訪問国であるアメリカとの予備交渉において、使節団は予想外の好感触を得たために、大久保利通と伊藤博文《いとうひろぶみ》はいったん日本に帰国して条約改正交渉のための全権委任状を政府に求めた。

副島は「外務卿」こそが条約改正をおこなう職務であると考えていたため、使節団へ全権委任することに反対し、辞表を提出したほどであった。最終的に全権委任状は下付されたが、そこには御名御璽とともに外務卿副島の副署があった。岩倉使節団が交渉をすることは、あくまで外務卿である副島の委任のもとでおこなわれていた（安岡昭男『副島種臣』）。

岩倉使節団の活躍のかげで見落とされがちではあるが、この時期、限定的ながら領事裁判権をとりもどす動きが国内でも進んでいた。明治六年二月にイタリア公使から提案された内地旅行規則の件である。外国人が内地を旅行している間は、領事裁判権を放棄して日本の法律に従うという規則が副島のもとで検討されていた。結果的には不調に終わったが、内地解放と領事裁判権の引き換えという考えの原型は、すでに副島が外務卿であった時期には作られていたものであり、副島が条約改正の実現を楽観視していた一つの根拠でもあっただろう。

なお領事裁判関係でいえば、ちょうどそれとは表裏関係にあたる「内外訴訟」（外国人が日本人を訴える場合は、日本の裁判所において日本の法律に従う）について、副島は一般外国人が日本の裁判所に頼ることこそ、日本の国権の回復にあたるという考えで臨んでいた。

副島卿の時代は外務卿を「諸省長官ノ最頂」(明治六年一月、「外務省事務章程」)と考えていたようで、明治政府の第一義を世界と対峙することだと考え、まさに日本の舵取りをする心意気で外務卿の職務に臨んでいた。この「外務省事務章程」では、外務卿の職掌・権限を明確にし、同時に制定された「外務省規則」では外務省の勤務形態からはじまって、職務の手続きなどについても詳しく取り決められた。外務卿の権限が集中・強化されていて、外務省は完全なトップダウン方式であることがみてとれる。当時の外務省の人員は少なく、まさしく少数精鋭で副島の意図が伝わりやすい構造になっていたともいえよう。もっとも副島の作りあげた外務省は、次の寺島宗則外務卿によってさらに変革されることになるため、副島外交を支える機関も一時的な特色をもっていたといえよう。

副島の考える、外交交渉の権限は外務省にこそあるという概念は、当時懸案だった朝鮮との国交交渉においても現実的な問題となっていた。日本と朝鮮との国交は、国書書契問題ともよばれるように、明治政府の成立以来、途絶えたままだった。当時の東アジアにおける伝統的華夷秩序において考えると、日本や朝鮮の支配者は中国皇帝の鴻恩に浴する「日本国王」「朝鮮国王」であるべきだが、明治政府は朝鮮への外交文書の中で皇帝に対して使用されるべき「勅」などの言葉を天皇に対して使用したため、朝鮮政府は明治政府との国交を拒否していた。朝鮮の望みは従来通りの日本との関係を続けることであり、それはつまり江戸時代と同様、対馬の宗氏による仲介を要するものであった。

草梁倭館絵図／対馬歴史民俗資料館蔵

大江卓／宿毛市立宿毛歴史館蔵

江戸時代、朝鮮には草梁倭館《そうりょうわかん》とよばれる十万坪ほどの区域が釜山《プサン》に設けられ、対馬の商人や役人が滞在していた。明治二年に国書受け取りを拒否されて以来、日本は朝鮮への配慮をみせながら国交再開を模索していた。しかし、明治四年の廃藩置県により厳原《いづはら》（対馬）藩がなくなり、最初は宗氏や厳原藩士を外務省官員として通交にあたらせるなどの方法もとられたが、最終的には倭館からの日本人引揚げが決定され、明治五年九月には、倭館を外務省が接収して日本公館とすることにした。その後、副島は朝鮮が飢饉だという情報を得ると、米穀を輸出して国交回復の糸口にしようと考えたが、結果的には不調に終わっている。

マリア・ルス号事件の発端

マリア・ルス号事件とは、日本に寄港したペルー船マリア・ルス号内の清国人苦力《クーリー》を日本政府が奴隷と認めて解放した事件である。この事件をきっかけにマカオの苦力貿易が廃止されたという世界的な影響を考えると、まだまだ評価は低いものである。近年ではようやく裁判長の大江卓《おおえたく》だけではなく副島種臣の役割にも注目が集まるようになってきた。マリア・ルス号事件への副島の関わりをみながら、彼がめざした日本の姿について考えていきたい。まずは事件を追ってみよう。

明治五年（一八七二）六月四日、マストの折れた一隻の帆船が横浜港沖に姿をあらわした。この船はマカオからペルーへ向かう途中だったが、嵐のため避難と修理を余儀なくされた。しかしこの船は、そのような状態であるにもかかわらず沖合に停泊したままだった。まもなくこの不審船はペルー船籍マリア・ルス号であり、ペルーで働く予定の清国人約二三〇名が乗せられていて奴隷貿易船の疑いがあることが判明した。

当時のインド人や清国人などのアジア系労働移民は「苦力」と呼ばれていて、世界の各地で解放されつつある黒人奴隷の代替労働力とされていた。アメリカ合衆国が南北戦争を経て法的に奴隷制を廃止したのはようやく一八六五年のことであり、この当時は奴隷制度が存続している国もまだ多く存在した。

苦力は低賃金の長期労働契約者として移民することが一般的であり、使い捨ての労働力として、黒人奴隷よりも劣悪な環境下で働かされることが多かった。苦力契約は自由意思で結ばれることになっていたが、彼らがどこまで契約を理解できていたかは不明であった。そのため労働「移民」ではなく苦力「貿易」とよばれるような状況であった。

マリア・ルス号が横浜に入港して四日後、横浜港に停泊していたイギリス軍艦アイアン・デューク号は、マリア・ルス号から逃げ出した清国人、木慶《モクヒン》を救助した。木慶はマリア・ルス号にいる清国人たちは意思に反して拘留されているのだと訴えた。イギリスには木慶を保護する権限はないため神奈川県に引き渡したが、神奈川県も木慶を罰しないよう約束をさせてマリア・ルス号船長へ引き渡した。その後、木慶が処罰されたことを知ったイギリス代理公使ワトソンは、マリア・ルス号に赴き、木慶が髪を切られ虐待を受けていることを確かめた。

六月二十九日、ワトソンは外務卿副島に書簡を送り、この事件を日本が糾明するよう勧告した。さらにワトソンは、マカオ・ペルー間の苦力貿易の現状に言及

副島種臣／下関市立長府博物館蔵

江藤新平／佐賀城本丸歴史館蔵

陸奥宗光／国立国会図書館ＨＰ

三条実美／同右

し、欧米諸国はこの問題に重要な関心を寄せていることを述べ、日本政府に奴隷貿易を禁止する国であることを表明するよう勧め、この事件解決に向けあらゆる助力をすると約束した。

　このワトソンの勧告により、日本政府はマリア・ルス号事件への関与を模索することになった。司法卿江藤新平や神奈川知県事陸奥《むつ》宗光《むねみつ》などは、領事裁判権の点から考えてこの事件への関与に反対した。しかし、太政大臣三条実美は外務卿副島種臣への全権委任を決定し、この事件はこれ以降、司法省ではなく外務省の管轄下において裁判がおこなわれていくことになった。

上海高等法院判事ホーンビー

　マリア・ルス号事件には、いくつか不可解な謎があるが、その一つは外務卿副島種臣がこの事件をまかされたことである。この謎を解く手掛かりが、イギリスのアジア地域領事裁判を統轄する上海高等法院判事ホーンビーの自伝にある。

　ホーンビーの自伝によれば、木慶がマリア・ルス号に戻された後に横浜に到着したホーンビーは、事件を聞いてワトソンとともに副島を訪問したという。ホーンビーは副島に日本が国際社会の新しい一員として自らを主張する好機にあると語ると、副島は強い関心を示し、ホーンビーとワトソンからイギリスによる日本政府援助の確約を取り付けたようだ。ホーンビーはマリア・ルス号事件への関与を決める閣議にも陪席したという。この席で江藤新平、陸奥宗光らが事件への関与に反対する中、副島種臣はそれならば自分は外務卿の職を辞すとまで言い放ち、ついに太政大臣三条実美からこの事件の全権を任されることになったという。

ホーンビー自身は自分の役割を「壁掛けの後ろにいるネズミ」と例えているように、事件について表だって関与することはなかったが、本人はあらゆる外交書簡を書いたと告白している。恐らくポルトガル領事やアメリカ領事に宛てた副島卿の書簡を指すと思われるがはっきりとした証拠はみつからない。

長くマカオを支配しているポルトガルによって、苦力貿易とよばれる清国人の不法な出国が続いており、上海における法の番人であるホーンビーにとっては見過ごせない大きな問題であった。誘拐のようにマカオへ連れ去られた後では、イギリスの西インド諸島への労働をすすめても応募に応じる清国人などいなかった。イギリスは表だってポルトガルと争うことを避けたいという思惑があったため、第三国である日本がマカオ苦力貿易の不正を糾明することは国益上、大きな意味があったのである。ホーンビー自身の言によれば、以前からマカオを拠点とした苦力貿易を苦々しく思っていて、また台湾問題（宮古島島民遭難事件）の起きている日清関係を好転させるきっかけにもなると考えて、マリア・ルス号事件を全面的に支援することにしたのだという。

ホーンビーがイギリス本国へ出した報告書には、事件の判決を事前に入手してその正当性を訴えていることがみてとれる。この報告書は、判決直後に発行された日本の英文パンフレットと似通っていることから考えると、ホーンビーがこの事件に関与していたことはかなり信憑性の高い事実であると考えられる。

そのホーンビーは自伝の中で副島を「old Soegima」と特別に呼んでいる。

副島種臣（四十五歳）

四十四歳の副島ではあるが、別のところで老紳士とも呼ばれているため、貫禄はあったのだろう。もっとも old という称号は、ペリーの愛称が Old Bear（熊親爺）であるように、親しみのこもったものと考えてもよいだろう。時には苦々しげに Jap という呼称も使ったりして、当初、裁判官にイギリス人やアメリカ人を加えた共同裁判にしようと思っていたのに、傲慢にも日本人単独でこの裁判をおこなったと責めているが、全体的には副島を好ましく思っているようだ。

ところで、このホーンビーとは何者だろうか。上海高等法院とは、アジア各地のイギリス領事における領事裁判所の上級審にあたる裁判所である。後に、日本には日本法院とよばれる日本各地の領事裁判所に対する上級審裁判所が設置されるが、事件当時は上海高等法院のニコラス・ハネン判事補が横浜に派遣されている状態である。一八六五年に上海高等法院が設置されて以来、ホーンビーただひとりが判事の職務を担当していて、各地を巡回裁判にまわっていた。

当時の日本人（現代の日本人もそうであるが）の多くは、開国をとげた日本は「万国公法」という国際法によって整備された国際社会に参加したと勘違いした。当時の国際社会は、ようやくヨーロッパ社会とアジア社会が交わったばかりで、不平等条約体制といわれるものも確固たるものではなかった。欧米諸国は条約によって領事裁判権を獲得したが、その地域の裁判を担当することになった領事たちは、急激に発展する交流に比例して増加する現地での裁判に頭を悩ませていた。貿易を順調に発展させるためには、司法による問題の解決が必要であったが、領事たちのほとんどはそのような訓練を受けていなかったためである。そこでイギリスは、通常の案件については領事が問題なく裁判官を務められるシステムをつくり（徹底したマニュアル化）、重要案件は上海高等法院などの上級裁判所の判事が処理することにした。このシステムをつくった人物こそが、一八六五年に上海高等法院判事として赴任してきたエドマンド・ホーンビーである。彼は当時のアジア法曹界の権威といってよいであろう。マリア・ルス号事件において副島は、この人物の助力を得ていたのである。

裁判の経過

さて、七月四日・六日と二回の予備尋問がおこなわれた後の八日、事件は新たな展開をみせた。マリア・ルス号はこの裁判に何らかの意図を感じ始めて出航しようとした。そのため、外務省は海軍の力をかりてマリア・ルス号を足留めし、イギリス代理公使ワトソンも、ホーンビーの下僚である上海高等法院の日本支部勤務のハネンに、この事件について日本政府を助けるよう指示した。同日、外務大丞花房義質《はなぶさよしもと》と外務省お雇い外国人スミスがハネンを訪ね苦力問題に関する善後策について協議した。ところが、日本側と接触するうちに、ハネンは日本には封建的奴隷制度、すなわち遊郭制度などが存在するため、同様の奴隷制度ともいえる苦力のことでペルーを批判するのは難しいと判断した。

しかしワトソンの指示もあったため、ハネンは十六日から五日間開かれた法廷で裁判長となった大江卓を助け、裁判を進行させた。途中、事情聴取のため、いったん清国人乗客全員を下船させることになったが、彼らは二度と船に戻らなかった。副島が裁判に直接かかわったことを示す史料は少ないが、ハネンのイギリス政府への報告書には、二十日の裁判が終わった直後に、副島がハネンを訪問して判決案を相談したと記されている。

七月二十七日、判決が下され、船長は苦力に暴力を振るったかどにより有罪とされたが、慈悲をもって無処罰とされた。苦力契約には何ら言及しないで刑事問題のみ扱ったこの判決は、ハネンの了解を得たものであったろう。イギリス領事ロバートソンも日本には奴隷問題を扱う資格がないことに同意しており、事件はそのまま終わるものと予想された。しかし、事態は展開をみせる。

再び苦力契約の是非を問う第二の裁判が八月十六日から五日間おこなわれた。この裁判ではマリア・ルス号船長ヘレイラが契約不履行で清国人乗客を訴えるという民事裁判の形がとられ、ヘレイラにはディキンズというイギリス人代言人(弁護士)が、清国人側にはダヴィッドソンという、その後も日本政府の案件をよくひきうけるイギリス人代言人がついた。史料的には確認できないが、おそらくホーンビーはこのダヴィッドソンに直接指示を与えていたのではないかと推測される。

八月二十五日、第二の裁判の判決が下された。判決では政府がハワイへの労働移民を人身売買と考えて救出した事例などをあげて、日本は国内に人身売買制度があっても国外への奴隷売買を禁止していることを強調し、ペルーと清国人との苦力契約も無効とした。この判決には明らかに高度な裁判知識がみてとれ、以前から外務省お雇いスミスあるいは神奈川県お雇いヒルなどによって作成されたと考えられていたが、ホーンビーの影響を考えるべきであろう。判決日の五日前である八月二十日、日曜日に、ホーンビーはイギリス公使ワトソンに書簡を送り裁判の全容について報告をしていることからも窺えよう。事前に裁判の決着を知っていたと考えられよう。ホーンビーの報告は本国に送られ、日本の判決はイギリス外務省および法務省の承認を得ることになった。

マリア・ルス号事件の広報外交

八月二十五日にマリア・ルス号事件の判決が下されると、九月二日には、明治政府は英文のパンフレットを各国の在日領事へ送付した。すでにアメリカなどの新聞により、人身売買を否定した日本の快挙は世界に報じられていたが、さらにパンフレットを通して正確な資料を各国の日本公使あてにも通達した。また当時は岩倉使節団が外遊中であったが、使節団にも送られている。この「広報外交」は海外において日本の存在感を高めることに寄与したことであろう。

このパンフレットにはホーンビーの意図が多分に入っているように思われる。とくにポルトガル公使との往復書簡がこの中にはいっていることは注目される。その書簡の中でマカオ・ペルー間の清国人旅客について、ポルトガル公使は意見を述べているのであるが、マカオ苦力貿易にポルトガルが何らかの関与をしていることを示す証拠として取り上げられているのである。このマカオ苦力貿易は、マリア・ルス号事件を最初の判例として次々に諸外国も断罪するところとなり、事件から二年後の一八七四年、ヨーロッパ諸国の勧告によりマカオ苦力貿易は廃

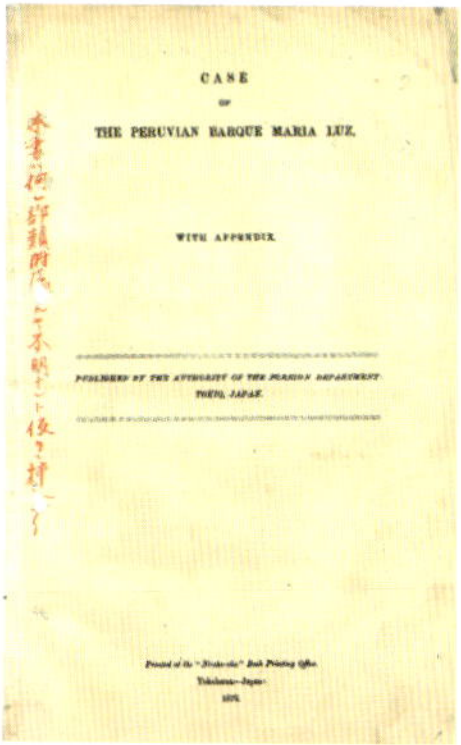

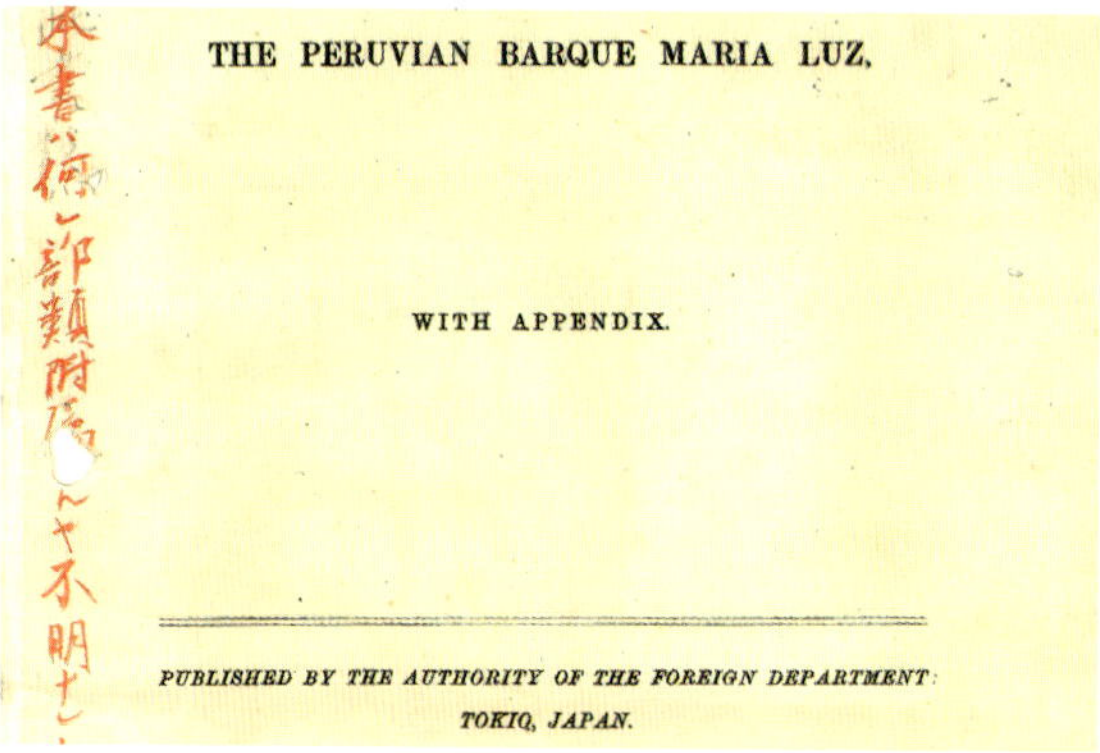

マリア・ルス号事件英文パンフレット・同部分／外務省外交史料館蔵

止されることとなった。

遊女解放令

また、マリア・ルス号事件の結果というと、国内ではいわゆる遊女解放令の制定につながったといわれている。マリア・ルス号到着直後から司法省の中でこの議論は始まっていたが、その内容について各省内では議論が分かれていた。マリア・ルス号事件の裁判中に外国人から遊女の存在が指摘されたことについては、日本国内でも新聞などにおいて取り扱われたため、解放令制定が加速したと考えてよいであろう。

この法令は遊女解放部分に照準が当てられることが多いが、第一条は人身売買の禁令である。また、徒弟制度など遊女以外の長期労働契約についても人身売買の恐れがあるとみなしていて、契約は一年ごとの更新以外は認めない形をとっている。これはつまり、当時の海外での労働契約は複数年契約が一般的であったが、それを認めないことにつながっている。その後、ペルーを始め多くの国から、日本政府に海外労働移民を認めるように要請があったが、日本政府はこの法律もあってかなり頑強に抵抗した。ハワイとの移民契約を承認するには、条約を締結するというステップまで踏まなくてはならなかった。つまりこの法律は現代風にいえば労働契約法であり、人身売買を抑止するためのもので、遊女に対しては必ずしも効果的だったとはいいがたいが、日本人苦力を阻止するためには非常に有効的であった。

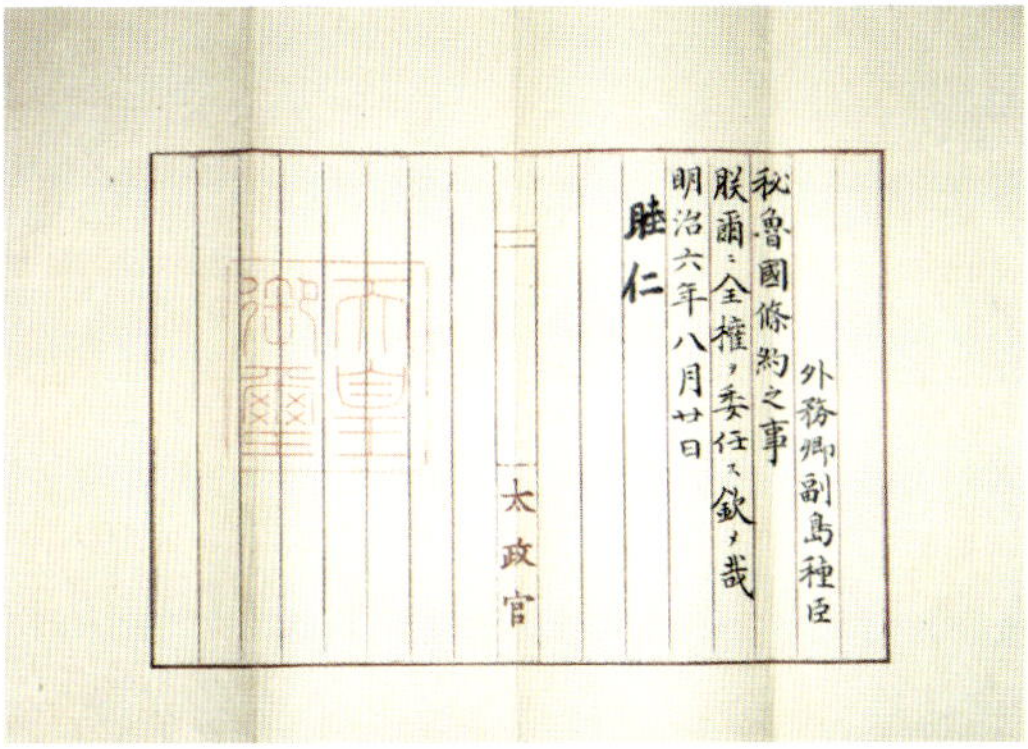

副島種臣へのペルー国との条約締結全権委任の勅旨／国立国会図書館憲政資料室蔵

居留地取締規則

イギリス以外の国は、マリア・ルス号事件を日本が裁判することについて当初から否定的であった。当時の日本は清国との間に正式な国交は始まっておらず、ましてペルーとは条約の準備さえしていなかった。つまり両者は条約未締結国であった。そして、慶応二年（一八六六）に締結された居留地取締規則第四条では、条約未締結国人に関する裁判については条約締結諸国の意見をききながら日本が処分することが決められていて、日本が独断で裁判することはできなかった。

第一の裁判の際には、この点を指摘されたため日本側は途中から各国領事に裁判への出席を求め、判決の内容についても事前に各国領事に報告された。しかし、第二の裁判では、日本側は条約未締結国人の裁判権は国際法上日本側にあると主張して、各国領事の列席を求めないことにした。横浜在駐の領事団は反対したものの、日本はそれを無視する形で裁判を決審させた。

裁判が終わるとマリア・ルス号船長のヘレイラは、船を残して日本を離れてしまった。この事後処理を担当したのはアメリカ公使デロングである。南米大陸諸国の多くは、条約未締結国など領事をおかない国でトラブルが発生することをみこして、アメリカと条約を結んで、その保護下に入るのが慣例であった。当初、船長ヘレイラは横浜港へ到着した際に、慣例に従ってアメリカ公使に助けを求めた。ところが当時岩倉使節接待のため一時帰国していたアメリカ公使デロング代理であったシェパードは、マリア・ルス号が苦力貿易にかかわっていることを理由に援助を拒否した。さらに英国代理公使ワトソンと協力して、日本に事件を審議するよう勧告した。

しかし、デロングが日本に帰任すると、アメリカ公使はマリア・ルス号を援助する方向に動いた。明治五年八月、デロングは副島からの居留地取締規則に関する書簡について、抗議をのべている。副島の手紙（ホーンビー作成か）は、規則はただの「取極め（アレンジメント）」にすぎず、守る必要性がないと書かれていた。この規則は一八六七年に江戸幕府の老中であった小笠原長行《おがさわらながみち》と当時のイギリス公使ら四名によって結ばれたものであり、その後の横浜居留地の基本規則として機能していた。九月になると副島はそれまでの強硬な姿勢を一転させ、お雇い外国人のつくった書簡にそのままサインをしてしまったものであり、申し訳なかったと謝罪を述べた。国家間の文書についての言い訳としていかがなものかと思われるが、この言い訳こそホーンビーの代筆を臭わせるものであろう。もっともデロングはこの謝罪を受け入れ、さらに自らがこの規則からマリア・ルス号事件において問題となった事項を撤廃することに尽力する。その結果、居留地取締規則は改正され、条約未締結国人に関する裁判権は日本政府にあることが確認されることになった。

デロングが問題の事項の撤廃に尽力した背景は不明であるが、彼が副島と親密な関係をもっていたことはよく知られている。外務省文書のなかには、デロングが副島にアメリカ本国との文書を内密に閲覧させてくれていたことを示すものが散見される。なお、デロングはマリア・ルス号に協力したかどで本国に召還されることになった。

ペルー使節ガルシアの来日

裁判から数ヵ月後の明治六年二月末、日本との条約締結およびマリア・ルス号事件解決を目的として、ペルー使節ガルシアが来日した。日本側はマリア・ルス号事件について国際裁判を提案し、ガルシアが承諾すると副島とワトソン公使は解決を喜びあったという。日本にとっては初の国際裁判となるのだが、その結果にも絶対の自信をもっていて、副島とワトソンは国際裁判になれば解決したも同然と考えていたことが窺えよう。また、副島は領事裁判権なしの条約を締結するならば、マリア・ルス号事件について賠償金も支払うとペルー側にもちかけたともいわれている。

副島は三月に清国を訪問することが予定されていたため、その後の交渉は外務少輔上野景範《うえのかげのり》によって引き継がれた。副島が留守中の上野に与えた指令は、この問題に関してはスミスに相談しながら日本の正当性を論弁し、ペルー側が納得しないときは副島帰国まで交渉を引き延ばすことであった。またペルーとの条約についても交渉引き延ばしが指示された。

三月末に国際裁判へ提出することを前提としたガルシアからの訴状が日本政府へ提出された。これに対して上野は、六月に正式な返答書を提出した。ガルシアの書簡は上海滞在中の副島に報告されたが、指令にあたるはずの「第三号返信」は現在みあたらない。ペルーとの条約締結や小笠原諸島管轄問題のように副島の

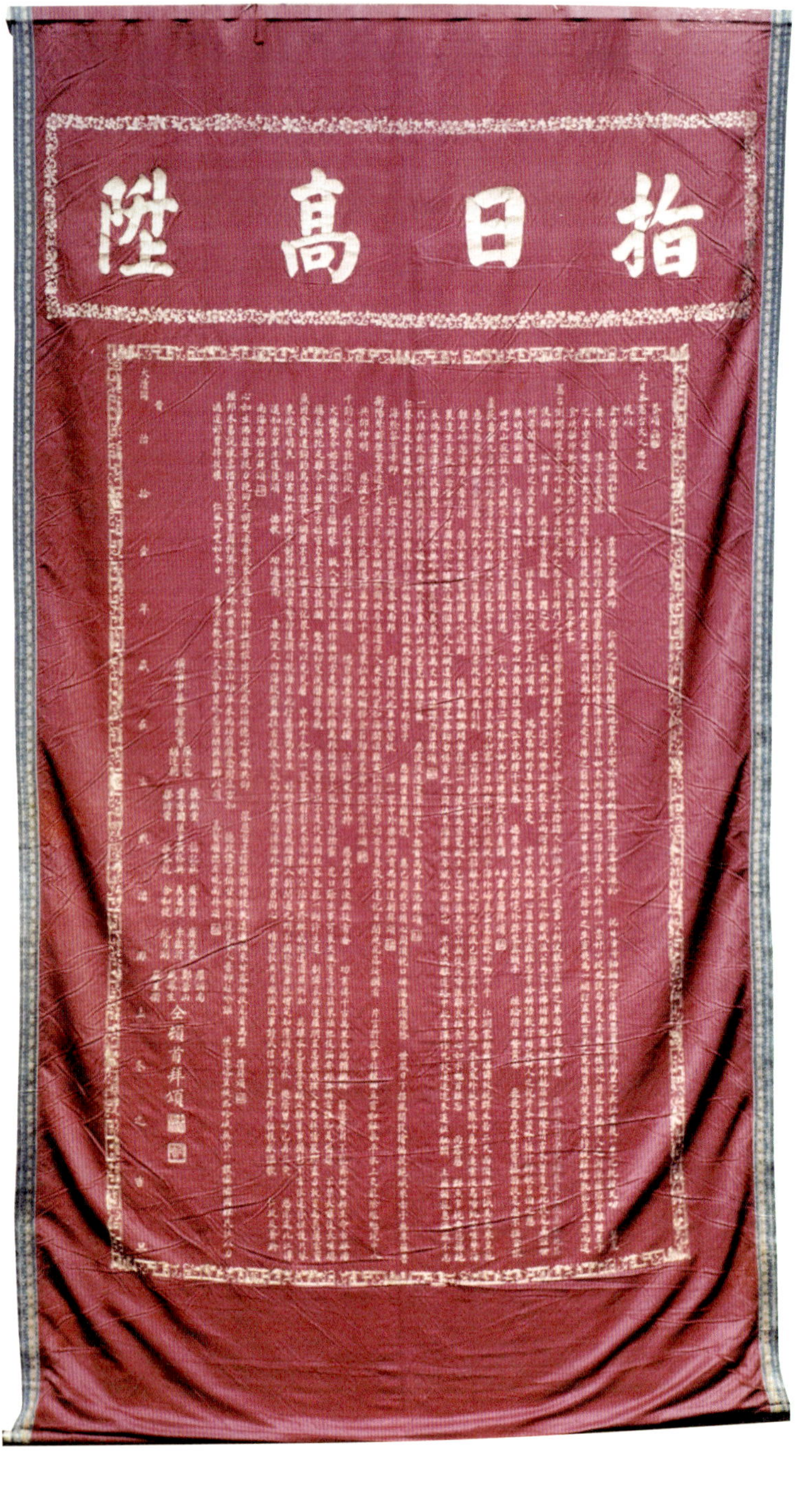

マリア・ルス号事件のあと清国から副島種臣に贈られた感謝の大旆／神奈川県立図書館蔵

帰国まで判断を留保した重要案件があることなどから考えると、六月に提出された上野の返答書も副島の指令によるものと考えられよう。

上野の書簡は、国際法を援用した抗弁書であると分析されている（湯川文彦「明治初年外交事務の形成」）。居留地取締規則がすでに廃止されたことについて何の言及もなく、副島が知らないと抗弁した記述のままであること、外務省文書の「スミス原稿」という文書の存在などから、さまざまな憶測をすることが可能であるが、ここでは返答書の内容がホーンビーの従来の意向に沿ったものであったと述べるにとどめておこう。

ガルシアと上野は七月にロシアに仲裁裁判を依頼する約条を結び、同月中にはロシアから電信で承諾した旨の返事が届いた。ガルシアの来日目的の一つは、ここに終了した。

八月になり副島が帰国すると、ガルシアは条約締結を迫った。副島は清国で李鴻章に領事裁判権を付与しない条約を締結すると約束してきたが、イギリス公使パークスのペルーへの支援もあり、他国と同様の条約が結ばれた。もっとも副島は条約改正はすぐに成し遂げられると確信していたので、正式名称は「仮条約」であったし、内容も雇用関係のほかはできるだけ条数を少なくするように配慮された。この条約におけるペルーの目的が、日本人労働移民の獲得にあったことが窺える。ただし、日本はこのマリア・ルス号事件によって苦力移民反対の立場を内外に示したこと、前年に公布された労働基準法ともいえる太政官布告の存在によって、今後も移民禁止政策をとりつづけ、ペルーや他国からの単純労働移民募集についてしばらく拒否し続けることになった。

副島渡清

マリア・ルス号に乗っていた清国人は、下船した後は横浜在住の清国人の協力もあって、横浜港近辺に一時居住していたようである。なお、事件後に横浜中華会館から副島種臣と大江卓に贈られた感謝の証「大旆《たいはい》」は現在も神奈川県立図書館に保管されている。

解放された清国人は、第二の裁判開始以前に日本派遣が決まった清国使節陳福によって、清国へ送還されることが決定していた。秀吉の朝鮮出兵によって断絶して以来、日本と中国との正式な国交は存在しなかったので、中国から正式な使節が日本を訪問したのは、実にそれ以来の出来事であった。判決直後に来日した使節を、日本政府は手厚く歓迎した。

明治六年四月、副島は清との条約交換のため天津に到着した。明治四年に調印された日清修好条規は、攻守同盟ともとれる内容などが国内外の反対をうけたため、日本では批准しないままとなっていた。今回の訪問の第一目的は、正式に条約を発効させて国交状態を整備することにあった。

副島の期待を裏切り、天津では清の李鴻章側からの歓迎儀礼はなかった。副島は、西洋外交の慣例や日本政府が中国使節を歓待した例などをあげ、清側から自分の宿所まで挨拶に来させた。李鴻章の身分などから考えると強引な要求であるが、その後、副島が李鴻章を答礼して、苦力問題や領事裁判権問題について意見

リジェンドル
里見弴『羽左衛門伝説』毎日新聞社

李鴻章／安岡昭男『副島種臣』吉川弘文館

を交換し、欧米に対するアジアの連帯感を共有することに成功した。李鴻章が清国人苦力問題を担当していたことも副島にとって幸運だった。ペルーとの条約についても、副島は領事裁判権なしの条約を結ぶ約束をしたが、のちに李鴻章へは失意の報告をすることになった。

　副島は次に即位したばかりの新皇帝への謁見へ臨んだが、これは在清外交団の懸案事項でもあった。国家を代表する外交団の儀礼は、国家間の位置を示すことにもつながる。副島は「特命全権大使」として出張したので、公使として派遣されていた他国の在清外交団よりも高い身分であった。新参の日本ではあったが他国よりも一段高い格式を要求し、なおかつ従来の中国伝統の儀礼は拒否した。副島の中国古典への理解や漢詩の才、そして何よりも李鴻章からの口添えによって副島は清朝廷に受け入れられ、ほぼ要求通りに謁見を済ませることに成功した。

　副島は当時の西洋的な国際法を利用しながら交渉をすすめたが、これらは同行していたお雇い外国人であるリジェンドルの役割も大きかった。リジェンドルは台湾の植民地化をみこして、この際、宮古島島民遭難事件を処理することを主張した人物である。この時の交渉において、台湾出兵の根拠となる「化外《けがい》の地」という言質を清国からとったことで有名である。台湾の東南部は清国に支配（徳化）されていない地帯であり、そこで起きた事件の責任は清国にはないとする意見を述べたとされる。

　日本の清国訪問団の一部がすぐさま台湾へ渡って準備をはじめたことや、イギリス公使パークスが日本は朝鮮より先に台湾を攻めると本国に報告していること

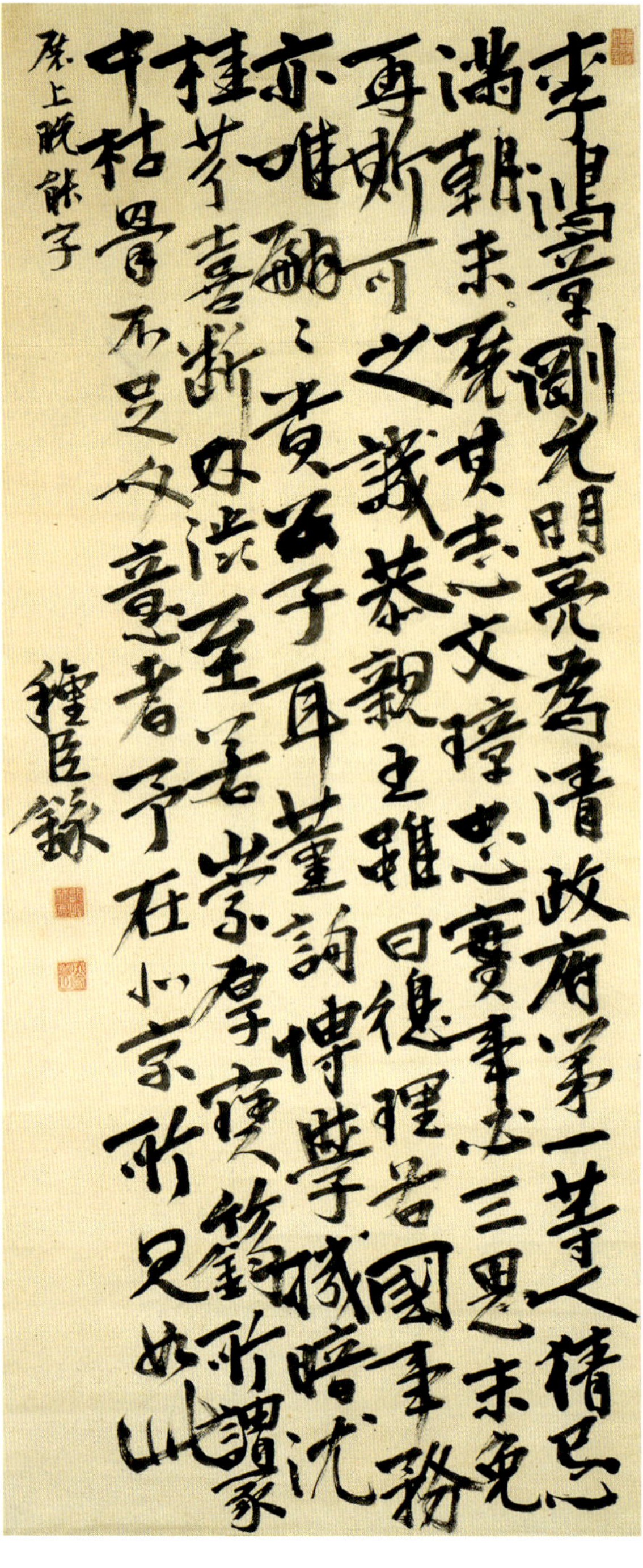

副島種臣書「李鴻章評語」　李鴻章剛允明亮。為清政府第一等人。猜忌満朝未〔能〕展其志。文璋忠実事必三思。未免再斯可之譏。恭親王雖曰総理各国事務。亦唯翩々貴公子耳。董詢博学機暗沈。桂芬喜断内洪。至若崇厚宝鋆。所謂家中枯骨。不足介意者。予在北京所見如此。展上脱能字。種臣録。／佐賀県立美術館蔵

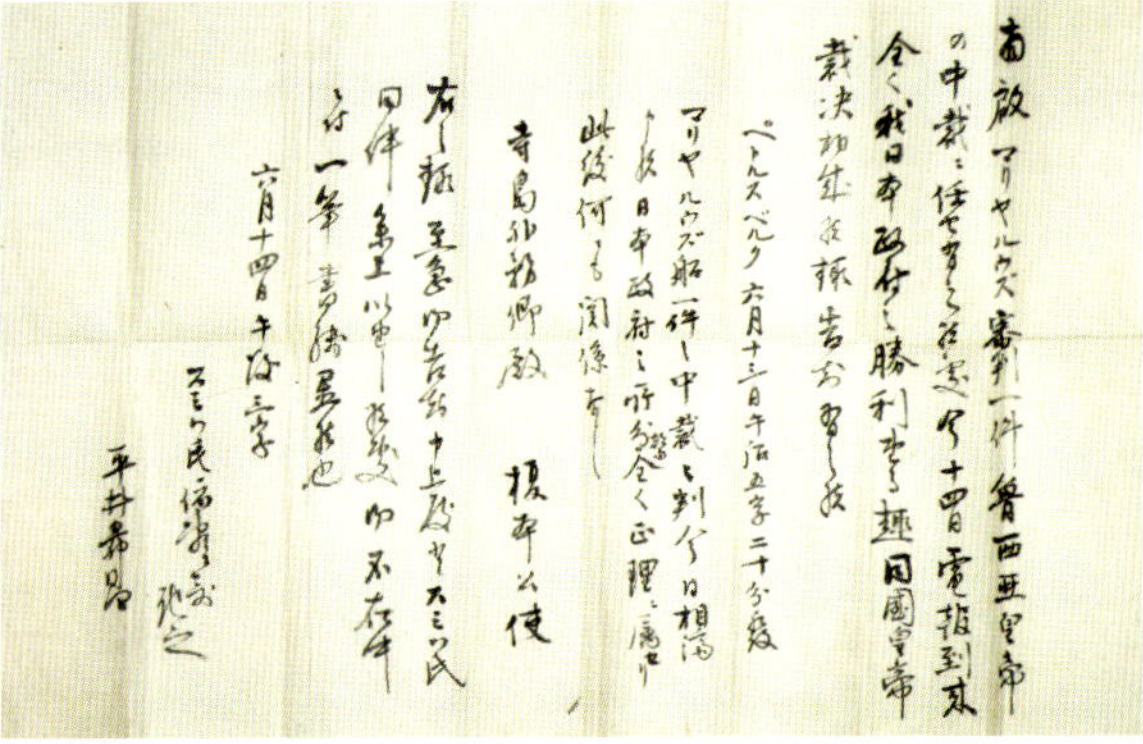

マリア・ルス号裁判に関するロシア皇帝判決の通知書／国立国会図書館憲政資料室蔵

から考えても、副島の台湾出兵計画はかなり現実味をおびていたものと思われる。ただし、この時に言質をとったと考えた相手の人物の発言が、はたして清を代表する考えだったのかどうか。実際に日本が台湾出兵をおこなったときに、清からすぐさま抗議がきたことを考えると、副島やリジェンドルの目論見はかなり危ういものだったと推測される。副島はこの時、朝鮮出兵についても清国は関与しないという見通しを確認したともいうが、これもまたどの程度、確たる根拠があったものかは疑問である。

副島とロシア

副島が三月に上海に到着した時、その日に歓迎のあいさつを述べてきたのがロシア皇弟のアレクセイ・アンドロヴィチ大公である。海軍大将である大公は、前年にアメリカから太平洋を横断し、日本の横浜・東京・函館などをめぐって一ヵ月ほど日本に滞在した。この公式訪問を世話したのが外務卿であった副島である。上海で二人は再会を喜ぶとともに、副島は国際裁判のことを大公に依頼し、大公はこれを快諾したという。

この清国訪問においても、副島はロシアへの信頼関係を示した。彼は大使として訪問したが、帰国の際に日本公使を新たに任命する権利を与えられていた。同行していた花房がその候補だったと思われるが、副島は彼ではなく駐清ロシア公使ウリンガーに駐清日本公使代理を引き受けてもらった。

このような副島のロシア重視をふまえると、マリア・ルス号事件において、ロ

デロング邸に集った外国公使たちと副島種臣（前列中央左側）　副島の右に米国公使デロング、その右に英国公使パークス、副島の左に仏国公使ベルトミー、副島の後ろに露国公使ビュッツォフ（明治６年８月５日）

榎本武揚
北海道大学附属図書館北方資料室蔵

シアに国際裁判を依頼したことは、当時たとえ両国間において国境問題が存在していたとしても決して疑問とすべきことではない。副島下野後に、三条実美がロシア派遣使節として彼の復帰を期待したことも、こうしたロシアとの親交を考慮したからであろう。結果として、元幕臣である榎本武揚《えのもとたけあき》に、ロシア派遣の命が下り、千島樺太交換条約やマリア・ルス号事件国際裁判に奔走することになった。おそらく榎本はホーンビーのことなどまるで知らなかったと思われるが、副島とイギリス代理公使ワトソンは、国際裁判にさえなれば日本は勝利すると確信していたのであり、事実、勝利することができた。ロシアに対して副島が事前にうっていた数々の布石が、勝利の要因へつながったのであろう。

副島下野

そもそも明治四年に外務省は清国と対等条約を結び、朝鮮から見た日本の国際的地位の引き上げをはかろうと企て、日清修好条規を締結した。副島がこの調印のために清国訪問をしている最中の明治六年六月に、日本政府内でいわゆる征韓論が主張される。七月末に帰国した、副島も征韓派の一人となり朝鮮使節に立候補するが、西郷隆盛に任を取られてしまったので、副島の具体的な朝鮮政策については不明なままとなった。

明治六年十月、朝鮮使節派遣をめぐって、欧米諸国の歴訪から帰ってきた岩倉・大久保たち反対派と、ついに閣議で争うことになった。近年、西郷隆盛の遺書などが検討されて、西郷が決死の覚悟で朝鮮使節を引き受け、戦争を誘発しよ

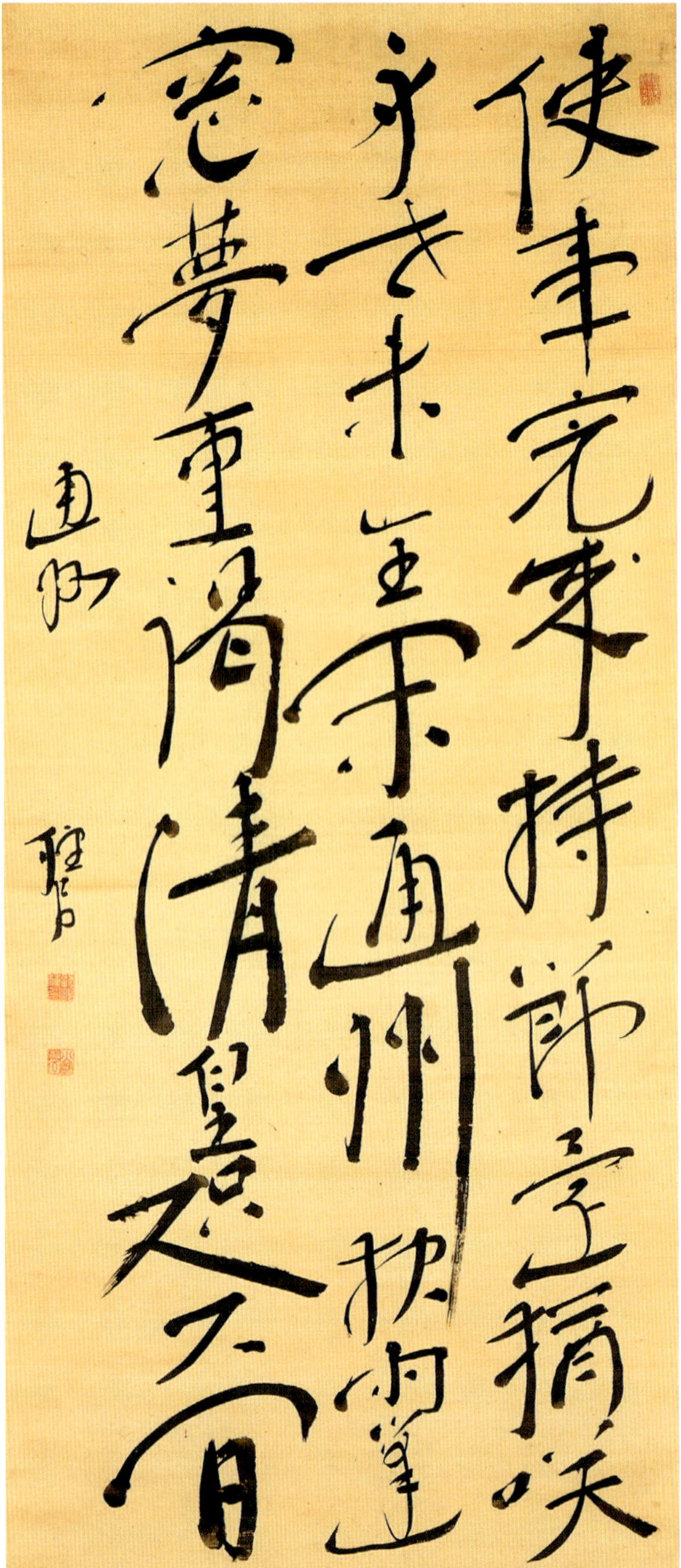

副島種臣書「通州」　使事完成持節還。猶咲身世未全閑。通州夜雨篷窓夢。重謁清皇咫尺間。通州。種臣。

うとしたことが明らかとなっている（佐々木他編『岩倉具視関係史料』）。「諸省長官ノ最頂」と自負する外務卿副島も、西郷に対してどこまで意見ができたのであろうか。帰国以前に副島が台湾出兵を具体的に進めていたことは間違いないが、征韓と台湾出兵をどのように整合させようとしていたのかも、残念ながら不明のままである。

天皇を利用して西郷に朝鮮渡航をとりやめさせた岩倉・大久保たちに対し、副島は他の征韓派メンバーとともに辞表を提出することになった。いわゆる明治六年の政変である。三条実美はロシアとの交渉における副島の存在を重視し、すぐさまロシアへの使節派遣にからめて副島の復職を提案するが、大久保の激しい抵抗をうけ断念した。

佐賀藩エリートとしてフルベッキの教育を受け、各国公使と親密な交際を築いていたとしても、欧米諸国を歴訪してきた大久保たちの前では、副島の外交策は厳しい国際情勢からは程遠い机上の空論とうつったのではなかろうか。しかし、実際の欧米を知らないからこそ、日本と自らに自信を持ちつづけた副島外務卿の存在は特別なものだったのだろう。

〈森田朋子〉

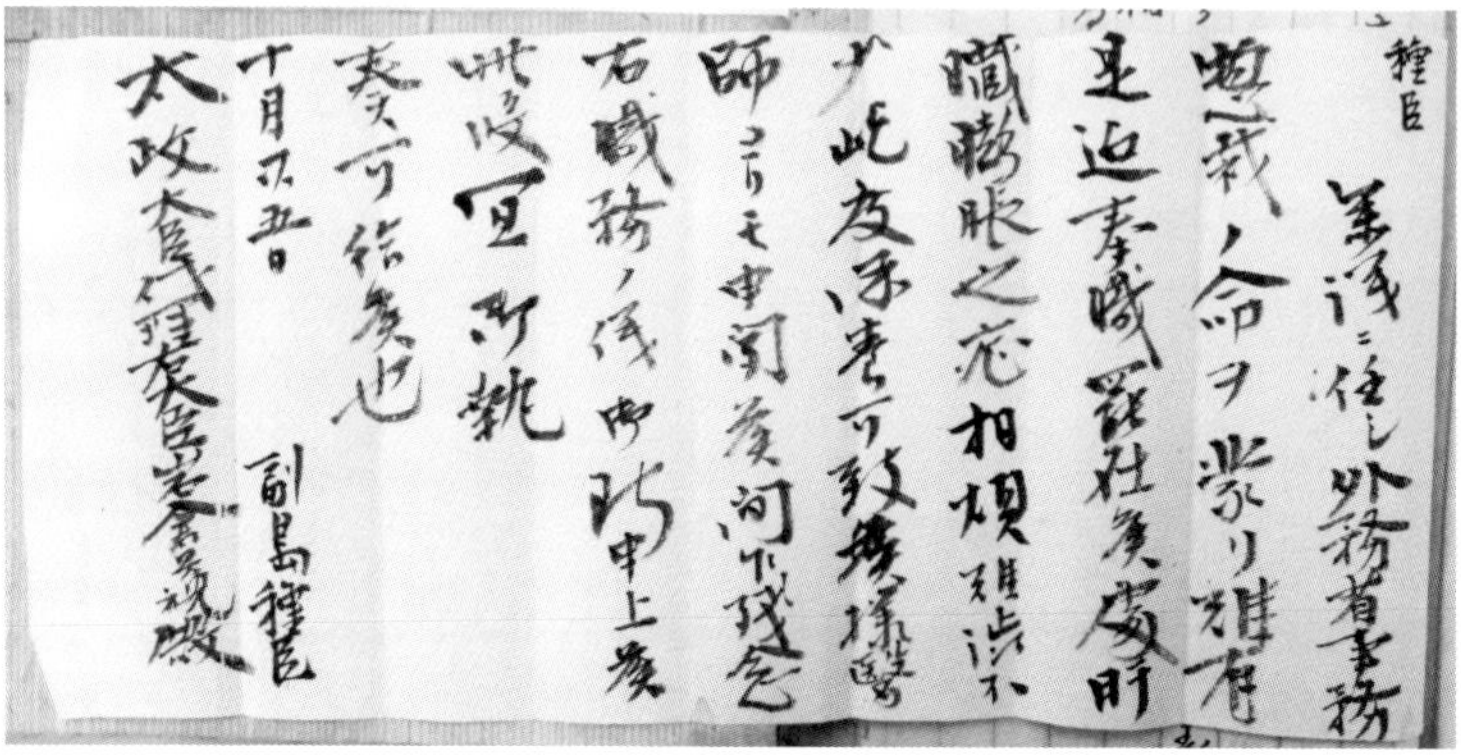
明治六年副島辞表／国立公文書館蔵

第三章　朝野の雄

清国漫遊

明治六年（一八七三）十月、征韓論争に敗れた副島は廟堂を去った。しかし政府は「御用滞在」の名目で東京に留め置き、再三にわたる「賜暇願」も不許可としていた。九年、清国漫遊を決意した副島は、旅費を捻出するため霞ヶ関の自宅を売却する。副島の決意が固いことを認めたのか、政府はやっと御用滞在を免じた。

九月九日に御用滞在を免ぜられた副島は、二十日に日本を発った。御用滞在という名目で東京に留め置かれ、政府から監視される窮屈な生活から一刻も早く脱したかったのであろう。しかし、渡清後も副島に対する警戒は続いた。清国政府は「野心あり」と疑い、日本政府は「何か企てありか」と訝しみ、行く先々に双方の探偵が付きまとった。上海で副島と面会した在清国公使森有礼《もりありのり》は、九年十一月七日に外務卿寺島宗則に宛てた書翰に「様子を見るに格別主意之れ無く、専ら詩文を以《もつて》漫遊、李鴻章の対談中官吏の人物品評位の事にて、餘は台島の挙詰問を

岩倉具視／国立国会図書館ＨＰ

受けたる様子」と記している。

もっとも、政府の「格別主意」があるのではないかという猜疑心も、故あってのことであった。副島が渡清中の国内では、神風連の乱、秋月の乱、萩の乱、そして西南戦争と士族反乱が続いたからである。副島が「言を支那行に藉し鹿児島に到り、西郷君に面接し国家の事に付き密《ひそ》かに商議する所あらん」という流言さえあった（『近事評論』第十九号）。激しい内乱が続くなか、新たな火種となりかねない副島の動向を、政府は恐れていたのである。

ところで、森が報じているように、副島は清国漫遊中に李鴻章と面会している。李は清国への仕官を勧めたが、副島はその申し出を断った。それならばなぜ大久保利通と和解してともに廟堂に立たないのかと問われると、「不為人上不為人下、心允寧静大福長者」（人の上為《た》らず人の下為らず、心允《まこと》に寧静の大福長者なり）と書き示し、李を唖然とさせたという。

国内の情勢が緊迫する中、副島のもとには「急に帰るべし」、あるいは「決して帰る勿《なか》れ」と知らせが届いた。十年四月二十四日、副島は帰国を促した宮本《みやもと》小一《いち》に返信をしたため現在の心境を詩に詠じた。

仲尼与魯連　　仲尼と魯連
嘗有蹈海吁　　嘗《かつ》て海を蹈《ふ》まんとする有り　吁《あ》あ
吾昨乗桴来　　吾は昨　桴《いかだ》に乗りて来たり
今此在江湖　　今は此れ江湖に在り

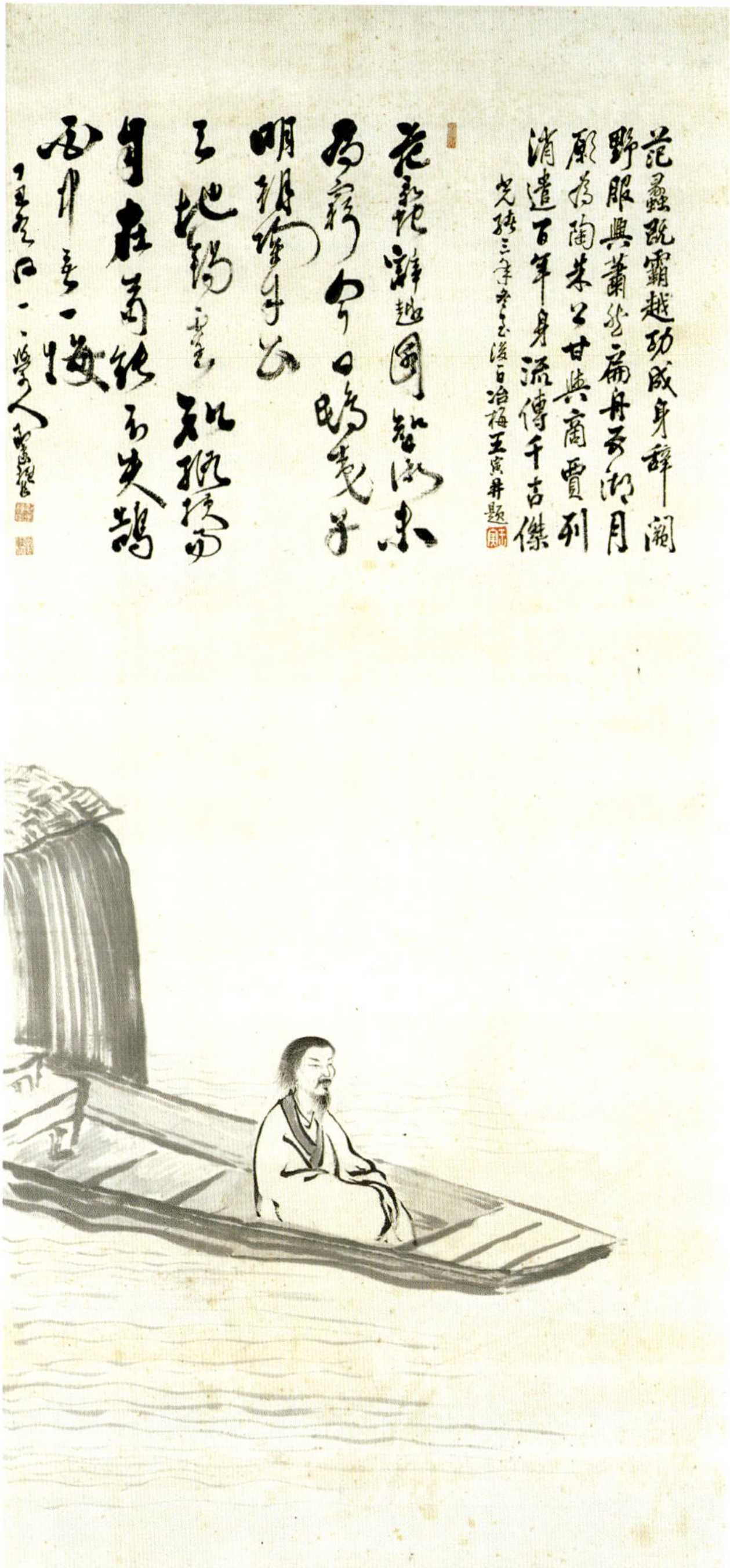

副島種臣書「題范蠡泛湖図」 范蠡辞越国。智術未為窮。今日鴟夷子。明朝陶朱公。天地錫霊知。縦横而自在。苟能不失鵠。百中無一悔。丁丑冬日。一々学人副島種臣。 王治梅が描いた范蠡の顔は副島種臣に擬えられている

既非高世賢　既に高世の賢に非ず
又非遁跡徒　又た遁跡の徒にも非ず
汨々如沙蟹　汨々たる沙蟹の如く
汎々似水鳧　汎々たる水鳧に似たり
自古聖明下　古より聖明の下
亦容一人愚　亦た一人の愚を容る
不妨自逍遥　妨げず 自ら逍遥し
飽食蓴及鱸　蓴と鱸に飽食するを

――かつて、孔子は「道行われず、桴に乗りて海に浮ばん」と言い、魯仲連は「秦王が帝となったら東海に身を投げる」と嘆いたが、ああ私は先にその海を渡り、今この江湖のほとりにやって来た。私は一世に名高い賢者ではなく、また世を逃れた隠者でもない。するすると逃げだすさまは砂蟹のよう、ふわふわとさまよっているさまは水鳥のよう。古より聖天子の治下では、世に納まらない者は寛容に放置し、無理に登用したりはしなかった。晋の高官であった張翰が秋風にふるさとの蓴（水草）と鱸の味を思い出し、あっさり官を捨てた故事のように、私も蓴と鱸で腹を満たし、自分の思うがままにさすらってもよいのではなかろうか。

副島は、宮本ら即時帰国を勧める人々の言葉に従うことなく、そのまま数ヵ月間清国にとどまり、帰国したのは十年の秋であった。そして、漫遊中に夭逝した息子の菩提を弔い、十二月五日、再び清国に向け横浜を発った。

この二度目の渡清から、副島が帰国した日時は明らかではない。従来、副島の帰国は十一年の秋であったとされてきた。しかし、同年三月九日付の「東京日日新聞」には、「一昨日副島種臣君は、支那公使何如璋《かじょしょう》はじめ数名の随員と同国人王漆園を烏森町の邸に招待せられ、酒間互に唱酬の作などもありて中々盛宴なりしと」という記事が掲載されている。さらに、翌日（三月十日）の「読売新聞」は、同記事を引いた上で「だん々々聞くと副島君には先日帰京されたといふが灯台もと暗しで有ました」と報じている。これらの記事が正しいとするならば、副島は三月七日以前に帰国していたということになる。また、後述するように、四月以降柳原前光《やなぎわらさきみつ》は、頻りに副島登用を訴えている。柳原が、未だ帰国していない副島を念頭に人事論を論じているとは考え難い。やはり副島は、十一年春には帰国していたと思われる。

ともあれ、宮本に、官職に束縛されない自由な身でありたいと詠い、李鴻章に、人の上に立つことも、人の下につくことも欲しないと答えた副島には、帰国後も廟堂に立つ意志はなかったのだろう。しかし人々は副島を放ってはおかなかった。十一年春に副島が帰国すると間もなく、副島登用を求める声が高まっていった。

天皇親政運動

明治十二年（一八七九）四月二十一日、副島は宮内省御用掛兼一等侍講、侍講局総裁に就任する。背景には、同郷の参議大隈重信の推薦とともに、元老院幹事

宮島誠一郎
魚住和晃『宮島詠士——人と芸術』二玄社

柳原前光、元老院議官兼侍補吉井《よしい》友実《ともざね》、修史館御用掛宮島誠一郎《みやじませいいちろう》らの奏請があった。柳原らは当時、元田永孚や佐佐木高行ら侍補たちとともに「天皇親政運動」を推進していた（以下、侍補たちとともに天皇親政運動を推進した人々を「宮中派」とする）。

王政復古により、天皇が自ら政治を執る「天皇親政」体制が成立した。しかし維新当時わずか十五歳で、それまで全く政治経験のなかった明治天皇が、混乱する新体制を統括していくのは困難であった。そのため、公家、大名出身者、維新の功労者らが中心となり政局を運営していた。

明治十年八月、元田と内務卿大久保利通の尽力により、君徳輔導を目的として宮中に侍補職が置かれた。この時、元田ら八名が、翌年三月には佐佐木が侍補に任ぜられた。そして翌月、政府は政務に関して天皇の理解を得ることで天皇親政の実をあげようと、内閣枢機の事務に関する会議はすべて天皇臨御でおこなうこととした。

元田らは、現在の有司専制政治は「天皇親政」に反すると批判し、「君を堯《ぎょう》・舜《しゅん》にする」ことにより、「徳治」「政教一致」といった儒学の理想政治を実現しようと考え、そのための体制作りに着手し、政府内で君徳輔導に理解があり指導力に富む大久保の宮中入りを計画した。侍補らの熱心な働きかけもあり、大久保は宮内卿就任を受諾するが、その直後に暗殺されてしまった。大久保の死は、侍補らに大きな衝撃を与えたと同時に、彼らの構想を水泡に帰した。しかし大久保の暗殺者らが斬姦状の中で、天皇親政が名ばかりであると有司専制を批判してい

副島種臣

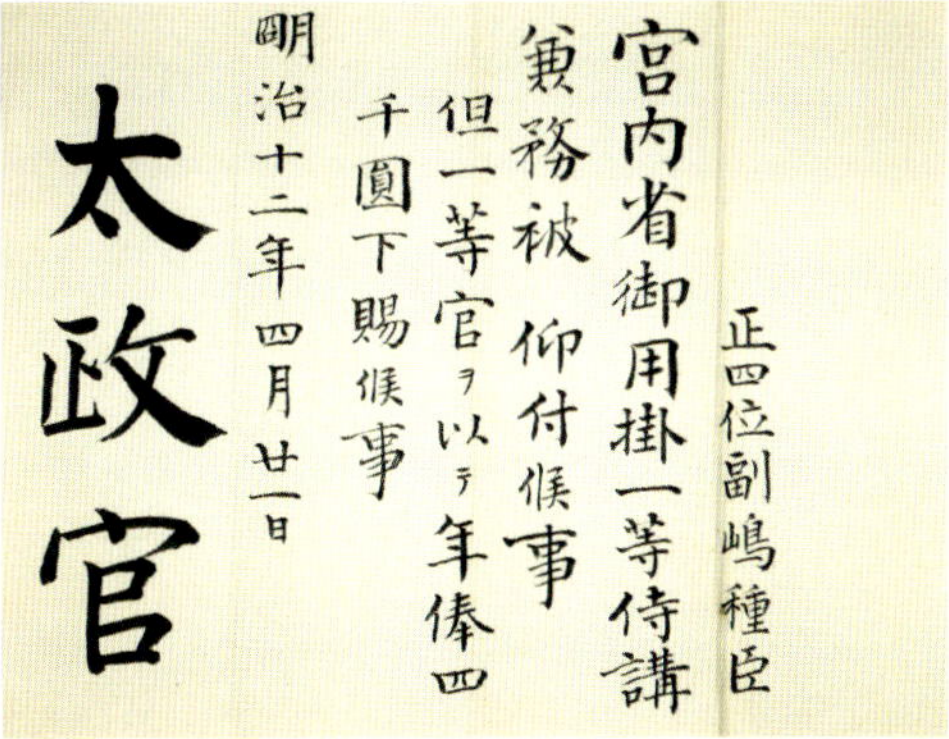

正四位副嶋種臣
宮内省御用掛一等侍講
兼務被　仰付候事
但一等官ヲ以テ年俸四
千圓下賜候事
明治十二年四月廿一日
太政官

副島種臣一等侍講辞令
国立国会図書館憲政資料室蔵

たことを受けて、大久保遭難から二日後、侍補らが揃って上奏に及び「平素乗馬を好ませらる丶如く、国政に深き叡慮あらせられんことを」と忠言した。その後、天皇親政運動は一挙に加速していったのである。

漢学興隆の担い手

宮中派にとって目下の課題は、漢学の興隆であった。洋学の隆盛により社会秩序が乱れたため「忠孝」、つまり儒学の道を以て社会秩序を安寧に導くことこそが急務であると考えたのである。そしてその担い手として白羽の矢を立てたのが、副島であった。

十一年四月三日、宮島に面会した柳原は、「今日日本は野に在りて世話を為し候人誠に稀少、幸に副島は此節《このせつ》閑暇なれば、願《ねがわく》は副島其長と為り漢学を興隆候はゞ至極の事と存じ居るなり」と、副島をして聖廟再興、漢学振起にあたらせるべきだと語った（『宮島誠一郎日記』）。また、元老院議官宍戸《しど》璣《たまき》が漢学侍講を兼任するという噂を耳にした柳原は、五月一日に岩倉に書翰を送り、宍戸よりも副島のほうが適任であると進言した（『岩倉具視関係文書』）。副島が外務卿時代に外務大丞を務めていた柳原は、副島の学識を高く評価して漢学興隆に相応しい人物と見込んだのである。

吉井、宮島らは、七月以降頻繁に副島と往来している。特に注目すべきは、竹橋事件直後の私的会合に副島が出席していることである。八月二十三日、西南戦争における論功行賞の不公平と減給への不満から、竹橋門内屯営の近衛砲兵大隊

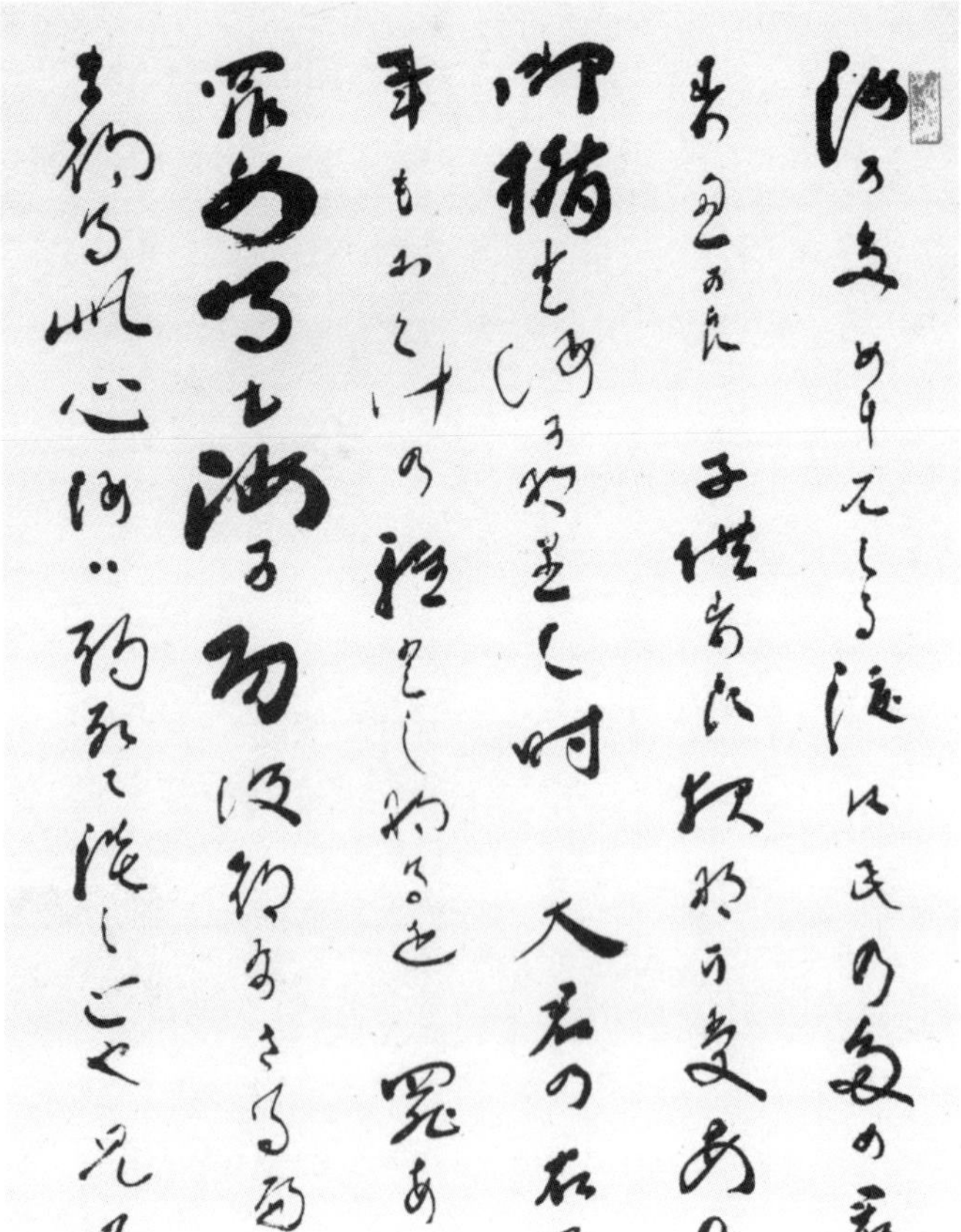

副島種臣が西郷隆盛の一周忌に献じた和歌　汝がためにはしる涙は民のため君の御ためを思ふすゑから　子供すら夜なかずありけり大君の醜の御楯と汝が有りし時　大君の右の腕ともたのまれし事もにくげの種としなるを　罪あるかはた罪なきか罪あるも汝が功はつぶさるべしや　一杯の水もてまつる此心汝は酌取て淡しとや見る　種臣。／『大西郷遺墨集』平凡社

兵卒が暴発するという事件が起こった。月末から北陸巡幸が予定されていたが、大久保内務卿暗殺から間もない時期の陸軍の騒乱に、政府内から巡幸延期を唱える声が挙がった。その是非をめぐって、二十六日、吉井宅で会合の場が設けられ、高崎正風《たかさきまさかぜ》、佐野常民《さのつねたみ》、柳原、宮島が集まった。ここに、在野の身である副島も参加していたのである。私的な会合とはいえ、巡幸実施の是非という極めて政治的な事柄を論じる場に、副島を呼び寄せ意見交換をしていた事実は、彼らが副島の学識だけでなく、その政治的意見にも重きを置いていたことの証左であろう。

西郷南洲一周忌

九月二十四日、吉井友実は自宅で西郷隆盛の一周忌をおこなった。「大久保は朝廷を始め祭祀の人も多く之れ有り、西郷は逆死ゆへ祭祀人も之れ無き筈」と考え、朋友情誼より私祭を催したのである。当日の参加者は、岩下方平《いわしたみちひら》、木場伝内《こばでんない》、そして副島であった。招霊の正面に西郷が高山彦九郎を詠じた一軸を懸けて香花を供え、西郷の往時を語らい夜半に及んだ。この日、副島は西郷を偲び和歌を献じた。

汝《な》がためにはしる涙は民のため君の御ためを思ふすゑから
子供すら夜なかずありけり大君の醜《しこ》の御楯《みたて》と汝が有りし時
大君の右の腕ともたのまれし事もにくげの種としなるを
罪あるかはた罪なきか罪あるも汝が功はつぶさるべしや

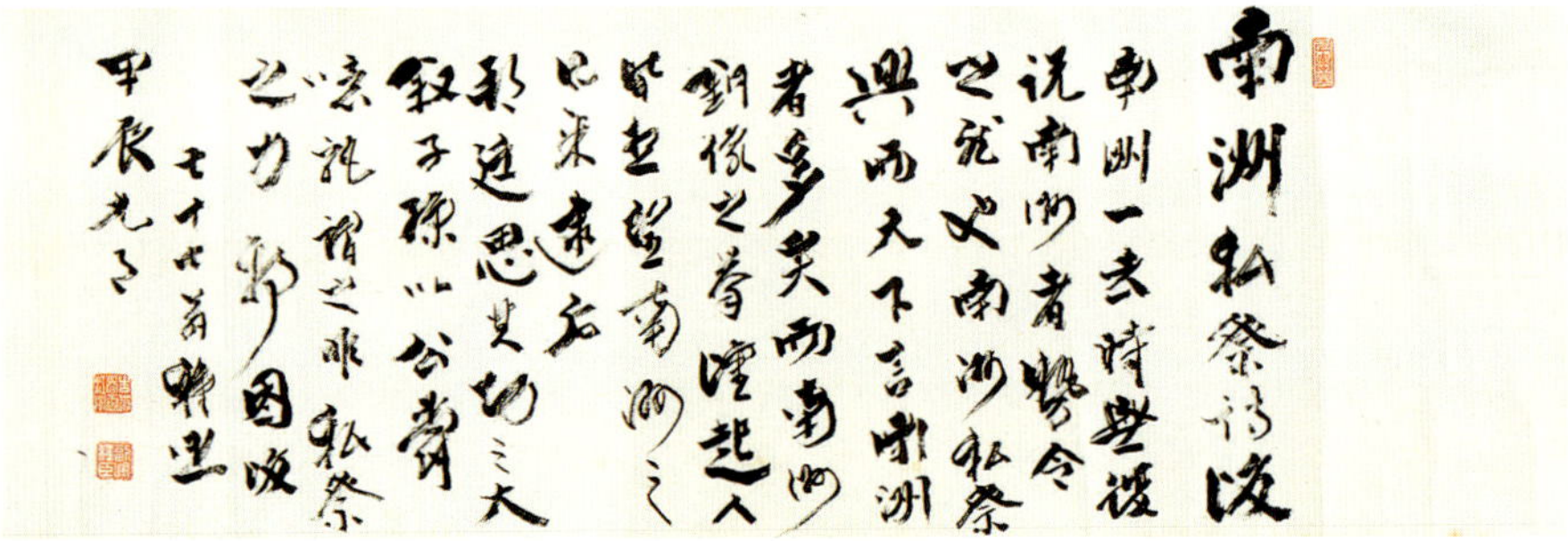

副島種臣書「南洲私祭詩跋」 南洲私祭詩跋。南洲一去。時無復説南洲者。勢令之然也。南洲私祭興。而天下言南洲者多矣。而南洲銅像之拳踵起。人皆想望南洲之風采。逮后朝廷思其功之大。叙子孫以公爵。噫。孰謂之非私祭之力邪。因跋。七十七翁種臣。甲辰九月。／米沢市（上杉博物館）蔵

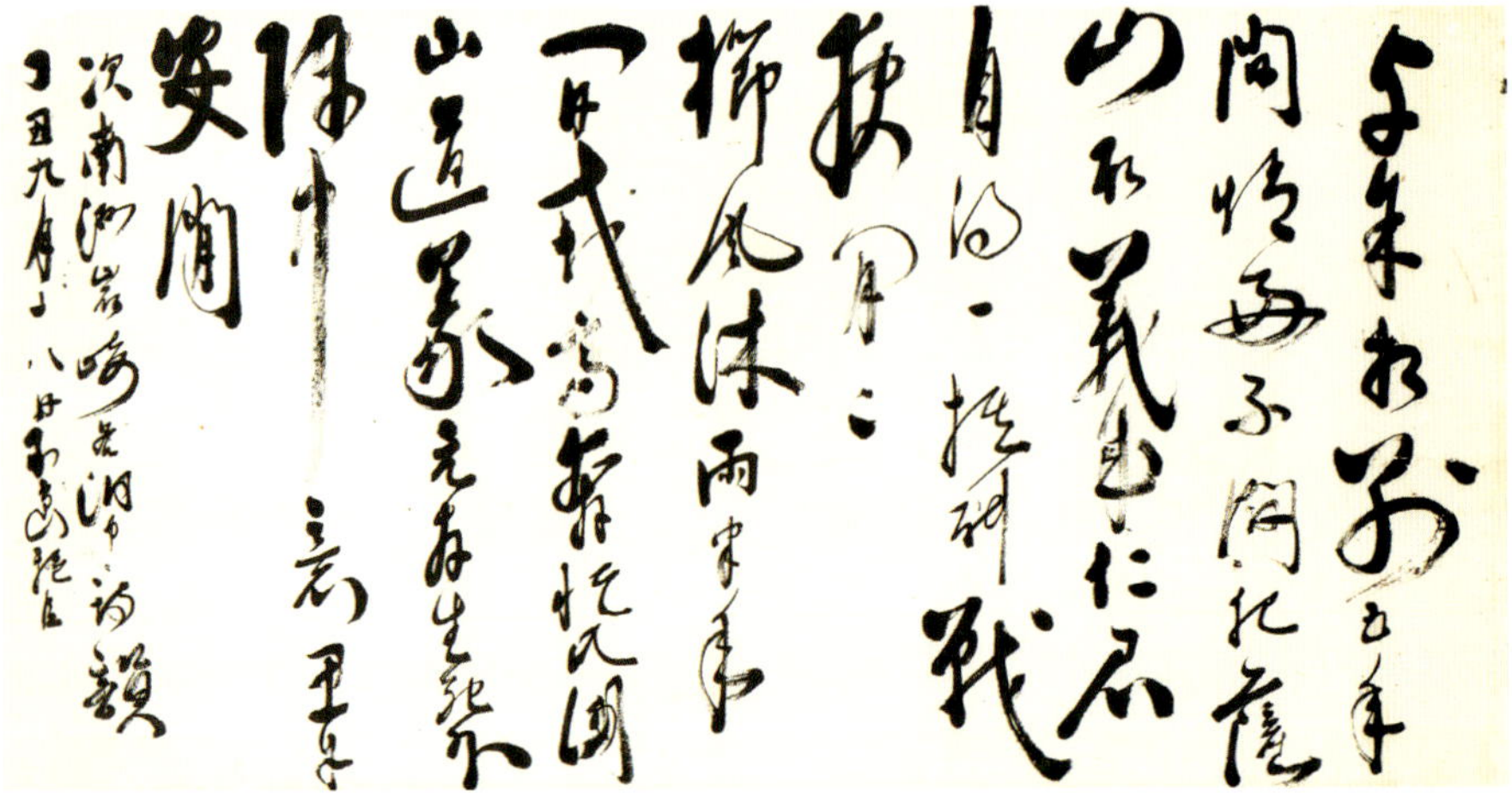

副島種臣書「次南洲岩崎谷洞中詩韻」 与余相別五年間。情好不間肥薩山。取義成仁君自得。一族酣戦夜閒々。櫛風沐雨半年間。戎馬奔忙九国山。道義元存生死外。陣中意思自安閒。次南洲岩崎谷洞中詩韻。丁丑九月十八日。副島種臣。／佐賀県立美術館蔵

一杯の水もてまつる此心汝は酌取て淡しとや見る

吉井、岩下、木場は薩摩出身で、西郷とは旧知の間柄である。しかし西郷は未だ逆賊であり、その死からわずか一年しか経っていない。その上、吉井は官に仕える身であり、祭祀は極内密におこなわれたことであろう。そうした内々の場に副島を招いたのは、西郷と副島の関係があったからである。

副島が『南洲翁遺訓』に題辞を寄せていることは周知のとおりであるが、他にも両者の関係を伝えるエピソードが残されている。西郷は自刃する三日前に、岡部という人物に副島への遺言「慎しみて『勿死工夫《しなぬくふう》』をしろ」の一語を托したという。また後年大隈は、「若《も》し伯（副島）にして十年の役《えき》に日本に居りしならば彼の渦中に投じて奇禍に繋がれしか、或は亦《また》西郷の挙を遮止《しゃし》さるゝことが出来たならん」と語っている（『佐賀新聞』明治三十八年二月七日）。

副島は、西郷が城山で自刃する（九月二十四日）直前の明治十年九月十八日に「次南洲岩崎谷洞中詩韻（南洲の岩崎谷洞中の詩の韻に次す）」と題して次の漢詩を詠んでいる。

与余相別五年間　余と相い別れてより五年の間
情好不間肥薩山　情好間《へだ》てず肥薩の山
取義成仁君自得　義を取り仁を成す　君　自得す
一族酣戦夜閒々　一族酣戦　夜閑々

櫛風沐雨半年間　　櫛風沐雨　半年の間
戎馬奔忙九国山　　戎馬奔忙　九国の山
道義元存生死外　　道義　元より生死の外に存す
陣中意思自安閒　　陣中意思　自ずから安閑たり

――君と別れて五年が経った。肥前・薩摩の山に隔てられていようと、互いの友情は変わらない。君は義を取り仁を遂げようとしたのだから、満足していることだろう。夜が静かにふけていく今も、君は一族を挙げて激戦の中にある。君は半年もの間風雨に打たれて、軍馬を駆ってせわしなく九州の山を巡った。道義とは、もとより生死を超越したところにあるのだから、君は陣中にあっても、心は自ずから平安なことだろう。

吉井らにとって副島は、同郷の子弟のために我が身を捧げた西郷の心情を十分に汲み取り、ともに語り合える人物であったのである。

なお、翌年も同様に吉井宅で西郷の二周忌がおこなわれた。ここに参加した宮島誠一郎は、後年この時の模様と吉井、伊地知《いぢち》正治《まさはる》、副島、宮島の詩歌を、「南洲私祭詩歌」と題した巻物にしている。

ところで、吉井宅での西郷一周忌の顚末を後日宮島から聞いた勝海舟《かつかいしゅう》は、西郷、副島、板垣そして自分を和歌に詠んでいる。勝は副島を「宮はしらふとしくたてばかならずや其うつばりとならん君かな」と詠った。宮殿を支える宮柱が太くなったならば、副島は必ず屋根を支える梁の役目を果たすであろう。「宮柱」と

五代友厚／国立国会図書館ＨＰ

は、吉井や宮島ら宮中派を念頭に置いていたとも解釈できよう。勝もまた、副島を宮中を支えるべき人材と看做していた。

　こうして、宮島や吉井らは、副島と私的交流を深める一方で、岩倉や大隈に副島登用を熱心に働きかけた。そして、内閣顧問官、文部卿といったポストも候補に挙がったが、最終的には天皇の意向によって、宮内省御用掛兼一等侍講、侍講局総裁に就任した。

　副島の侍講就任の背景には、柳原、吉井、宮島といった宮中派の並々ならぬ尽力があったのである。

在野の期待

　大久保利通が暗殺されて間もない明治十一年五月二十一日、森山《もりやま》茂《しげる》が義兄である五代《ごだい》友厚《ともあつ》に、大久保亡き後「人民の望を有して、稍《やや》其代に立んとする程の人は、恐らくは副島種臣ならん」、「天下の有志者は、必らず此人に望みあるべし」と伝えたように（『五代友厚関係文書』）、副島を官職へ登用するよう働きかける人々がいる一方で、在野の有志者もまた副島に大きな期待を寄せた。

　明治十二年九月十日、大阪で愛国社の再興大会が開催された。この時、愛国社社長に副島を迎えようという声が挙がり、城泉《じょうせん》太郎《たろう》が招致のため副島の寓居を訪ねている。

　西南戦争の記憶も醒めやらぬこの時期、政府は在野の動向に神経を尖らせていた。西郷の挙兵に呼応し政府転覆を謀ったとして、立志社の林《はやし》有造《ゆうぞう》、大江卓らは

木原隆忠／坂井隆治『ふるさとの味――茶事心糧』金華堂

捕らえられており、愛国社の再興は政府にとって少なからぬ脅威であった。

十一年十月十日、北陸東海地方巡幸に供奉していた岩倉具視は東京の三条実美に書翰を送り、「添〔ママ〕島此比《このごろ》民権論主張哉の風聞伝承」、「万々一是等の事、東京に一首の種を生じ候ては頗る遺憾」であると、副島が板垣退助と手を結び立ち上がるのではないかとの懸念を伝えた。三条もまた、愛国社再興大会に副島の従兄弟木原隆忠《きはらたかただ》が、佐賀の民権家代表として参加していたことを注視している。岩倉は、大隈重信や大木喬任《おおきたかとう》に副島や木原の動向に注意を怠らないように促した。

副島は、板垣らの誘いに応じることも、自ら東京に民権派を結集することもなかった。むしろ木原には、自重を促す書翰を送っている。岩倉は「殊に折角同人兎や角と御内辞中、旁《かたがた》残念心配に存候」と語っているが、裏返せば、副島が民権派の首領に擁されるのではないかという懸念もまた、副島登用を促進させた要因の一つであったのかもしれない。岩倉や三条から見れば、副島は在野に置いておくには、あまりにも危険な存在であったのである。

伊藤博文の懸念

侍講に就任した副島は、火曜日には天皇、木曜日には皇后にと週二日の進講を開始した。明治六年政変後は決して就官に応じようとしなかった副島も、「天皇の師」には心が動いたのであろう。君徳輔導に意欲的であった副島は、定められた進講日だけでなく、日々参内して天皇の側に控えていたいと申し出た。結果的には受け入れられなかったが、こうした副島の言動に伊藤博文は不安を抱き、岩倉に「将来の処実に杞憂に堪へず」と伝えている（『伊藤博文関係文書』）。

伊藤が懸念材料として、真っ先に挙げたのは、開拓使長官黒田清隆《くろだきよたか》の反応であった。十二年三月二十日に北海道から帰京した黒田は、副島の侍講就任内定を聞くと、すぐに辞表を提出した。副島の任務は「月六度に書籍の講釈」だけをおこない「他は一切関せず」という決定であったため、井上馨《いのうえかおる》や伊藤らは黒田にこの条件を説明し、どうにか辞表を撤回させた。もしこれを改めるとなれば、まず黒田を納得させなければならず、それはかなりの難問であった。

しかしそれ以上に伊藤が懸念したことは、副島が侍講という立場で、局外から政務に容喙するのではないかという点であった。局外にあって常に天皇の側に控え、下問に応じて理想論を唱える姿は人々には忠臣のように映る。在野の人々に人気の高い副島が、「天皇の師」という立場で、いかにも尤《もっと》もな正論で内閣の方針に異論を唱えられては、実際に政権を担っている者は堪らない。もし、副島がそうした言動に出たならば、必ず閣内に不和をもたらすと危惧したのである。伊藤の不安は間もなく現実のものとなった。

副島侍講排斥論

発端は、黒田が外国新聞の記事を根拠に副島排斥を建白したことであった。某侍講が進講の際、政府の政略に反する言論を吐露し、またリジェンドルとともに政府と清国との談判を批判したという記事である。リジェンドルは、明治五年に日本政府に雇われ、その後、副島、大久保の渡清に随行するなど、外交顧問とし

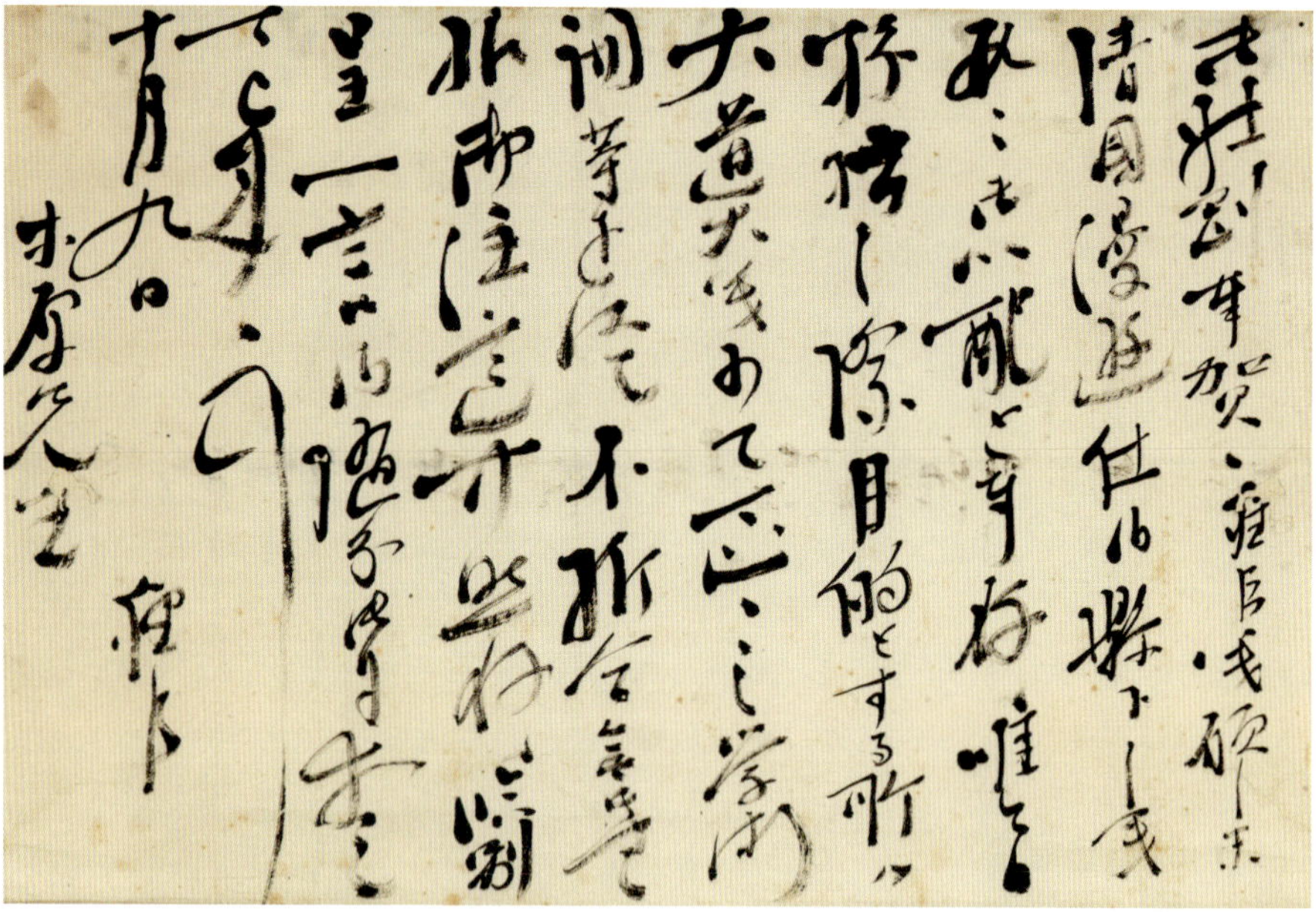

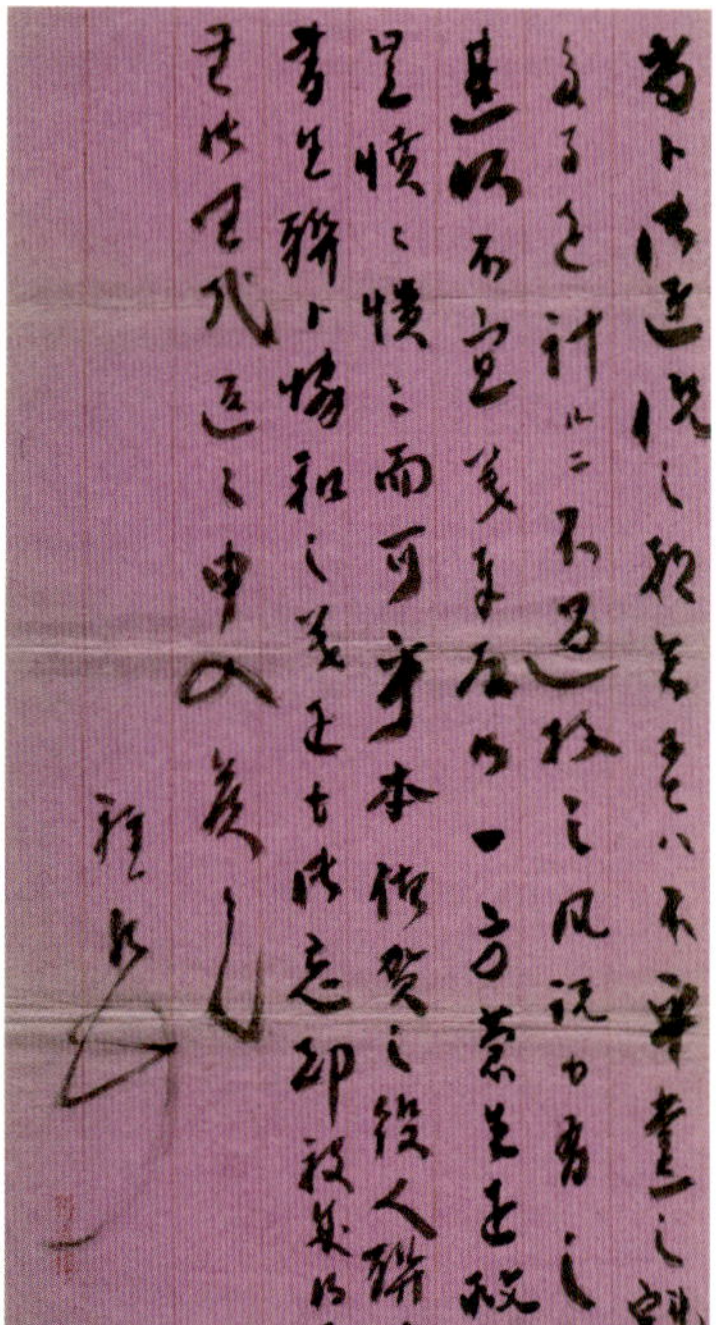

尚々、御近況之都合にては、不平党の魁たるを計るに不過抔之風説も有之。甚以不宜義奉存候。一方蒼生を救、豈憤々憤々而可乎。本佐賀之役人聯と書生聯と協和之義をも御忘却被成候には無御座哉。返々申入候也。種臣頓首。
佐賀城本丸歴史館蔵

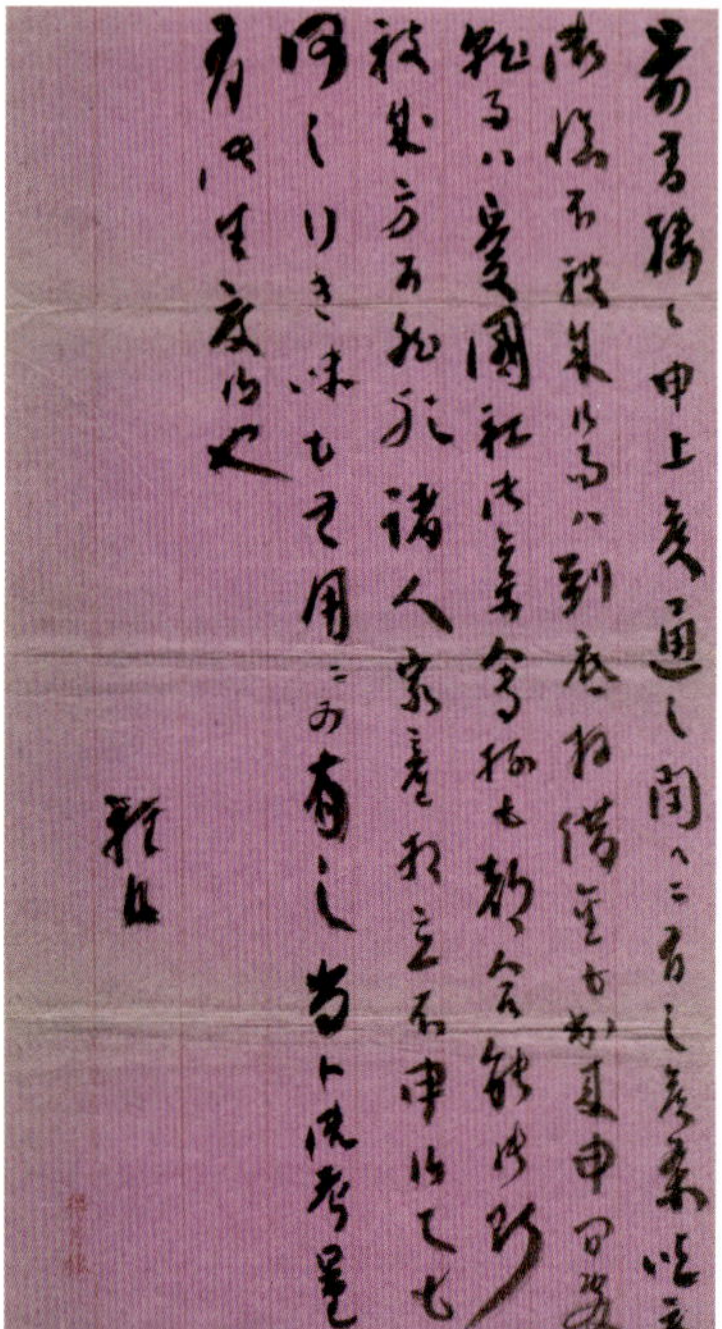

副島種臣：木原隆忠宛書簡　御壮剛奉賀候。種臣義願之末清国漫遊仕候。県下之義段々御心配と奉存候。唯今日紛紜之際目的とする所は、大道大義にて区々之学術論等を以て不折合無御座様御注意可然存候。臨別呈一言候。随分御自愛可被成候。頓首。十月九日。種臣。木原先生。
佐賀城本丸歴史館蔵

前書縷々申上候通之聞へに有之候条、屹度御慎不被成候ては到底拝借金も出来申間敷、就ては愛国社御集会抔も都合能御断被成方、可然歟。諸人家産相立不申候ては何のりき味も無用に可有之、尚々御考量有御座度候也。種臣。／同前

副島種臣書「弔表兄木原隆忠二十年回忌祭」　曾記我宗多俊賢。一時才学各聯翩。如今哀謝無人道。唯有先生独封天。弔表兄木原隆忠二十年回忌祭。七十一翁副島種臣。／同前

大木喬任

て活躍した人物である。また、「清国との談判」とは琉球処分をめぐる問題である。十二年四月、日本は琉球藩を廃して沖縄県を置いたが、清国はこれに異議を唱えていた。当該記事の某侍講とは副島ではないか、という噂を耳にした黒田は、副島が外務卿時代にリジェンドルと交流していたことなどから、某侍講は副島であると断定する。そして、「種臣曩《さき》に征韓論を唱へ、尋《つ》いで民撰議院の設立を論ず、其の政府に反対たるは固《もと》より言を俟《ま》たざれば、進講に託して私論を主張するが如き事のあらんは明白なり」として、副島の罷免を訴えた。

薩摩出身の参議川村純義《かわむらすみよし》、西郷従道《さいごうつぐみち》も黒田に同調し、伊藤と井上馨も、今回は副島の処分もやむをえないと判断した。しかし大隈は反論し、三条、岩倉両大臣は対応に苦慮した。やがて副島排斥問題は、排斥を訴える黒田と、擁護する大隈が自分の職を賭して対立するという事態に発展する。

これを憂慮した大木喬任は、副島を洋行させるという妥協案を提案する。伊藤や井上は、この案を妙案とし、大臣らも「副島、黒田両全にして政府も亦動揺するなからん」と支持した。しかし天皇は、この上奏に対して、

副島は、維新以来西郷大久保木戸伊知地〔ママ〕同等の人物、当時天下人望のある処なるを以て挙《あげ》て之を用ゆ。其出るや容易に命を受けざるを以て、朕が召す所に由り漸く命を奉ぜり。其講ずる所を聴くに、古今の政略に亙《わた》ると雖《いえ》ども、皆是学問上より論及するのことにして、政体に反対するに非ず。然るに今罪なくして諸生論新聞紙等の嫌疑に由て之を退くるは、道理に違《たご》ふて宜《よろ》しからず。且《かつ》衆望

にも背《そむ》ひて如何なる世論を来すも計るべからず。其時に及《および》ては政府の困却も今日黒田一二の紛紜《ふんうん》よりも陪蓰《ばいし》すべしと、卿等善く之を思量すべし。

と、再考を促した（『元田永孚文書』）。天皇は、単なる新聞の噂によって副島を退ければ世論が沸騰し、かえって政権運営上に困難を招くのではないかと案じた。

十月十一日、天皇は元田永孚にこれまでの経緯を語り、副島洋行の可否について下問した。元田は洋行自体にも反対したが、天皇が欲しないにもかかわらず、参議の意思により事が運ぶのであれば、「親裁の実」が立たないと主張した。さらに天皇は、伊藤が副島の言動を知悉していることから、「副島の門生中に伊藤の探偵者が紛入しているのではないか」、「会読中などに政事を談じ、知らず知らずに機事を談じてはいないか」と考え、元田を通じて副島に尋ねた。これに対し副島は、「進講については他に話すことはない、門生といえども同様である」と答え、リジェンドルについても、別れて以来一度来翰があっただけで、面会も彼の帰国時の一回のみであり、琉球紛議が生じた七月以降は、清国公使との詩の往復も控えていると語った。明治六年政変以降、副島とリジェンドルの交流を示す史料は見当たらないけれども、リジェンドルがいくつかの論評を新聞や雑誌に発表し、副島、大久保の外交手腕を評価する一方で、政府の琉球処分を批判していたことは事実である（拙著『副島種臣と明治国家』第三章）。したがって、黒田らが副島に猜疑の目を向けたのも根拠のないことではなかった。

十月十六日に参内した伊藤は、副島に関する新聞記事が単なる噂であり誤謬で

副島種臣書「泰山北斗」 リジェンドルに贈られた扁額／大本山總持寺蔵

あったと認めたが、「黒田の論より種々紛議を生ぜしこと故、願《ねが》くば穏便の処置ありたし」と、改めて副島洋行を進奏した。伊藤がこれほどまでに副島の洋行を望んだ理由は、黒田への配慮だけではなかった。

八月八日、伊藤は岩倉に「君側《くんそく》を糾《ただ》し内閣と密着せしむる事」と「外交の改良」が、今日の急務であると訴えた。当時政府は、寺島外務卿の条約改正交渉の失敗や琉球処分をめぐる日清間の問題など、外交上の難問を抱えていた。世界漫遊の途次来日した前米国大統領グラントは、清国で皇帝や李鴻章から日清間の調停を依頼されていた。伊藤は、こうした外憂に対処せねばならないこの時期に、聖慮と内閣の間に齟齬があっては、「天下の事瓦解の外なし」と語った。天皇親政の名の下に、何かと政治に口を挿む侍補や副島は、伊藤には「君側の奸」と映ったのであろう。そのためこの機に乗じ、ぜひとも副島洋行を断行しようと考えたのである。

一方、元田は、「陛下と道徳を論じ、学識を発達するに至りては、副島が如き者天下豈《あに》得易からんや」と、副島は天下に二人とない人物であると語っている。元田は副島排斥論の結末を、「聖上終《つい》に副島外国行の議を許可し玉はず。黒田の駁議も行はれず、黒田又辞表も止み、副島身を全ふして大学中庸尚書の講義を畢《おえ》るに至りたるは、聖上睿明不動の致す所と感戴に堪へず」と記している。天皇は当初から副島洋行案に否定的で、三条や岩倉そして伊藤の三度に及んだ上奏にも肯じることはなかった。

聖断によりこの問題は一応落着した。しかし、今度は副島自身が辞意を表明したのである。

副島の辞意

明治十三年（一八八〇）に年が改まると、副島は病を理由に一度も参内しなかった。容態を案じた元田が副島に書翰を送ると、返信が届いた。

その冒頭で副島は、天皇にはほんのわずかな時間しか学業をする暇がなく、そして政治は実学なのだから、自分がわざわざ教える必要はないであろうと、かなり強い調子で綴り、

ああ、種臣侍講を忝《かたじけな》くすること一年、茲《ここ》に期満ちて還る。是れ古人の励翼するところ、漢の疏広《そこう》・疏受《そじゅ》の栄とさるるところなり。願《ねが》くは陛下、骸骨を臣に賜い以って餘年を全うせしめよ。応《まさ》に別表有らん、不日将《も》って奏聞せん。

と、辞意を告げた。副島は、侍講に就任する際に一年限りと心に決めていたのであろう。疏広は漢の宣帝に徴されて皇太子の太傅《たいふ》となり、甥疏受は皇太子の少傅となり、毎朝皇太子が参殿する際、前後に付き添った。しかし五年後には、「官成り名立って去らざれば後悔あらん」と言って、二人はともに官を辞し帰郷した。副島は、この故事に倣って、今こそ引き際であると述べた。侍講就任時には君徳輔導に奮発していた副島であったが、伊藤や黒田らが自分に嫌疑を向けたことなどを伝え聞き、嫌気がさしていたのであろう。

明治天皇

昭憲皇太后

しかし元田は、副島の辞意を潔しとはしなかった。「高踏の志操固《まこと》に尚ぶ可し」としながらも、自分は決して受け入れられないと反論している。聖徳の誉れ高い尭と舜は別にしても、殷の湯王《とうおう》を初めとして明主は学問に励んだ後に大成しているのであり、湯王を支えた名相の伊尹《いいん》など「皆な是れ忍耐恒久にして己を潔くせず、而して唯だ輔弼《ほひつ》に惟《こ》れ勤め、懇々惓々として已《や》ま」なかった。こうした故事を熟知している副島が、今辞職を願い出るなど、自分には理解できない、「閣下の高明を以ってせば、陛下の天質晩成の大器為《た》る、既に已《すで》に諒知せん。何ぞ少《しばら》く忍び以って積累漸進の機を待たざるか」と、今こそ副島の力が必要な時であると述べ、その短慮を咎めた。また、天皇が元田の顔を見るたびに、副島の様子を尋ねていることを告げ、天皇がこれほどまでに心配しているのだから、「幡《はん》然《ぜん》として思を反し、直ちに病蓐《びょうじょく》を脱して入りて両陛下の恩顧を謝せられよ」と呼びかける。そして、「瑣々たる権貴俗客の嫌疑を顧みず、而して堂々たる先聖後哲の己に同じきを楽しみ、我に疑うも浩然として顧みるところ無く、従容《しょうよう》として自得」するのと、「累《かさ》ねて聖意の眷愛に悖《もと》り自ら屑《いさぎよ》くして以って聖徳の輔翼を虧《か》き世を棄絶する」とでは、その得失は明らかであろうとしている。

この書翰からは、元田の副島への期待と高い学識への信頼、そして天皇の副島への親愛の情がみてとれる。薩長閥を中心とする有司専制に対して、天皇親政を強く主張し他の侍補らとともに行動を起こした元田にとって、君徳培養は焦眉の課題であった。だからこそ副島の力が必要だと重ねて説いたのである。

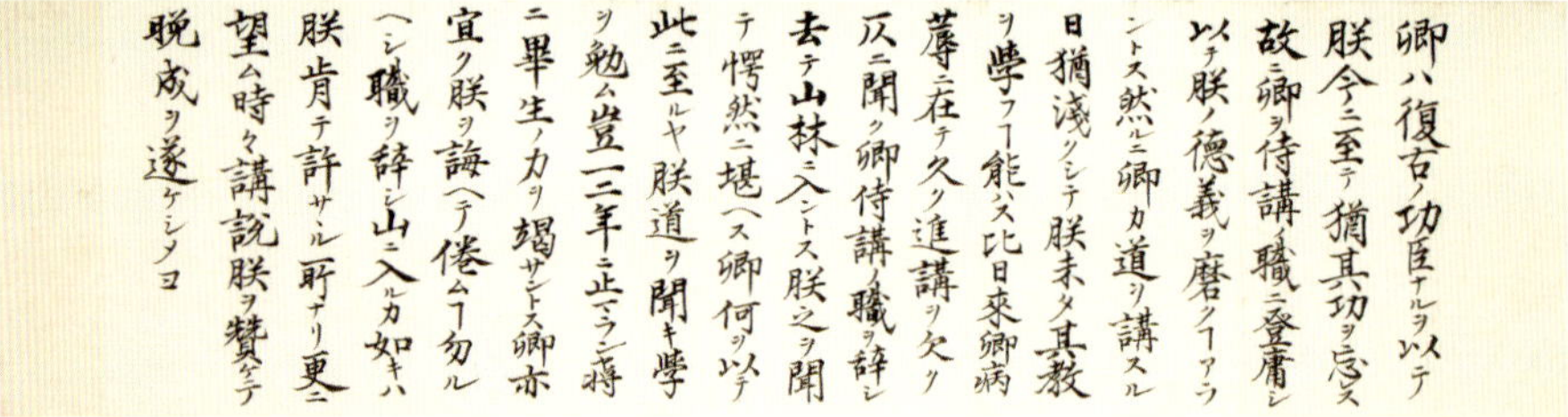

卿ハ復古ノ功臣ナルヲ以テ朕今ニ至テ猶其功ヲ忘レス故ニ卿ヲ侍講ノ職ニ登庸シ以テ朕ノ徳義ヲ磨クヿアラントス然ルニ卿カ道ヲ講スル日猶浅クシテ朕未タ其教ヲ學フヿ能ハス比日來卿病蓐ニ在テ久ク進講ヲ欠ク仄ニ聞ク卿侍講ノ職ヲ辞シ去テ山林ニ入ントス朕之ヲ聞テ愕然ニ堪ヘス卿何ヲ以テ此ニ至ルヤ朕道ヲ聞キ學ヲ勉ム豈一二年ニ止マランヤ将ニ畢生ノ力ヲ竭サントス卿亦宜ク朕ヲ誨ヘテ倦ムヿ勿ルヘシ職ヲ辞シ山ニ入ルカ如キハ朕肯テ許サヽル所ナリ更ニ望ム時々講説朕ヲ賛ケテ晩成ヲ遂ケシメヨ

明治天皇宸翰／佐賀城本丸歴史館蔵

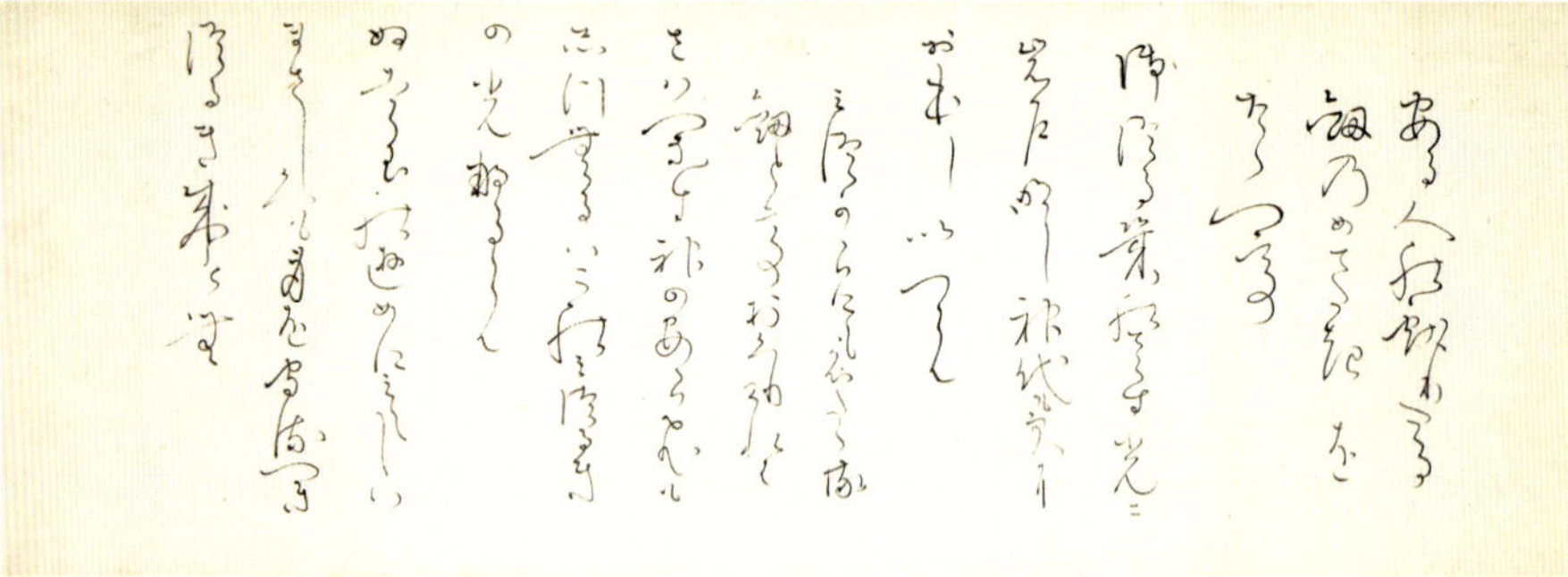

昭憲皇太后筆跡／同上

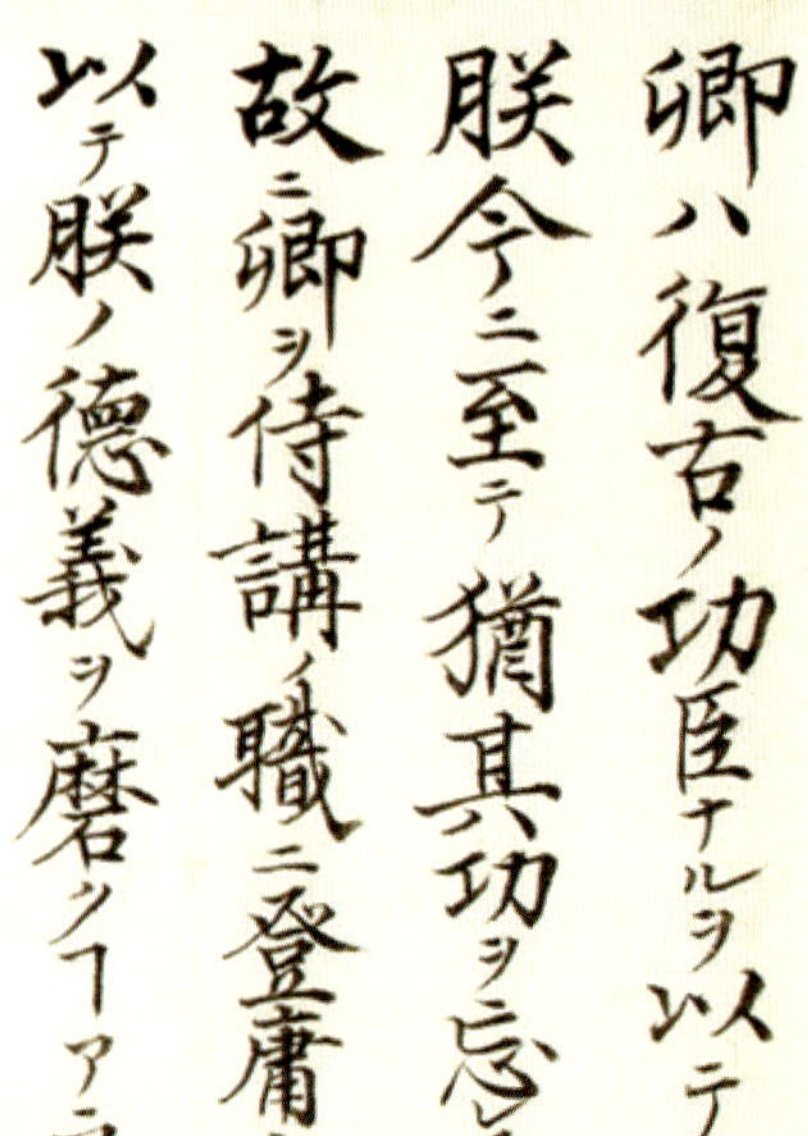

明治天皇宸翰（部分）

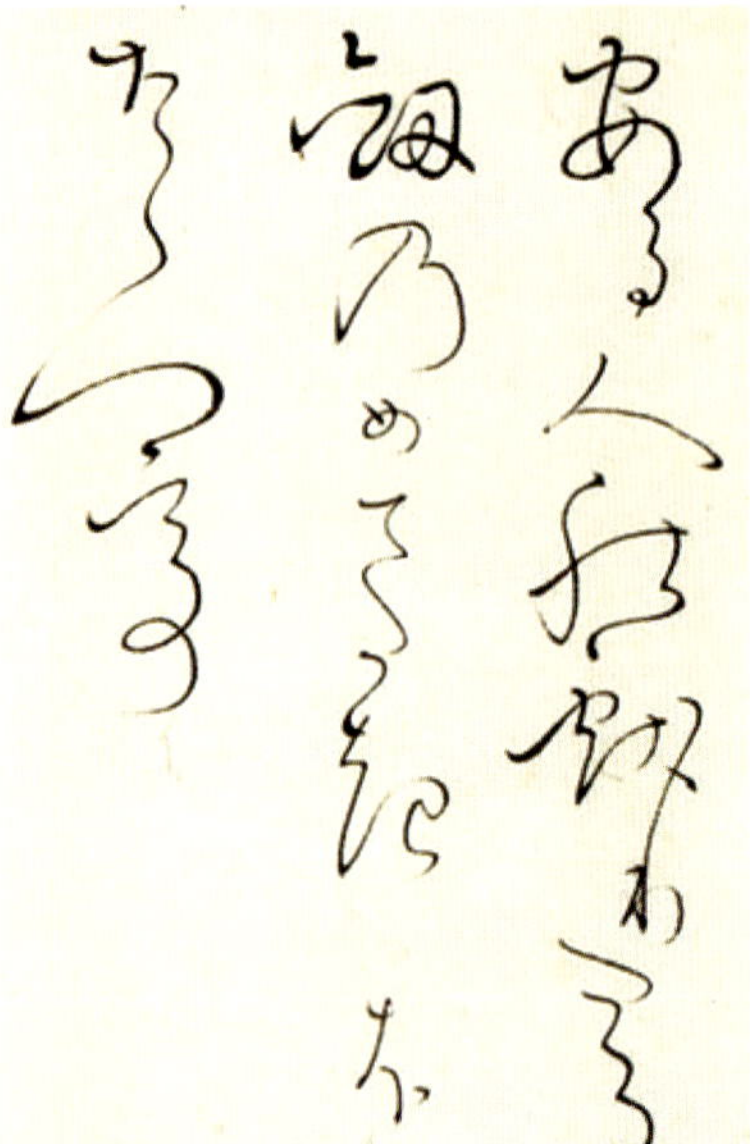

昭憲皇太后筆跡（部分）

宸翰の下賜

三月三十一日、宮内少輔土方久元《ひじかたひさもと》は、天皇の使者として宸翰を携えて副島邸を訪問した。国立国会図書館憲政資料室所蔵『元田永孚関係文書』には、元田の筆による草稿書類が残っているので、文面は元田によって起草されたことがわかる。天皇は、病のため出仕を控えていた副島の身を案じ、二月十三日には鮮魚一台を下賜し、その後も一向に出仕する気配のないどころか、辞意を漏らしていることを耳にし、元田にしばしば副島の様子を尋ねていた。

土方の日記には、「同三十一日、雨、九時、御内命を以副嶋種臣方に行、十一時に出仕拝謁の上復命致候、三時退出す」と記されている。副島は土方に「奉答は尚ほ神明に祈願を籠めたる上に」と、返答したという。

宸翰には優渥な言葉が綴られていた。

卿は復古の功臣なるを以て朕《ちん》今に至て猶《なお》其功を忘れず、故に卿を侍講の職に登庸し、以て朕の徳義を磨くことあらんとす。然るに卿が道を講ずる日猶浅くして、朕未だ其教を学ぶこと能はず。比日来、卿病蓐に在て久く《ひさし》進講を欠く。仄《ほのか》に聞く、卿侍講の職を辞し去て山林に入んとす。朕之を聞て愕然に堪へず。卿何を以て此に至るや。朕道を聞き学を勉む、豈《あに》一二年に止まらんや。将《まさ》に畢生の力を竭《つく》さんとす。卿亦宜《よろし》く朕を誨《おし》へて倦《う》むこと勿《なか》るべし。職を辞し山に入るが如きは朕肯《あえ》て許さゞる所なり。更に望む、時々講説、朕を賛《たす》けて晩成を遂げしめよ。

副島種臣書「皇帝御宇天下平」　皇帝御宇天下平。維明治十七年二月日。侍講之臣副島種臣。

維新の功臣として遇し、今後も侍講として自分を教え導いて欲しい、という宸翰を受け取った副島の感激は想像に余りある。副島は、四月二日に参内して天皇に拝謁し、二十日から進講を再開した。

数ヵ月ぶりに参内した副島に、宮内卿徳大寺実則《とくだいじさねつね》が「豈一詩なかるべけんや」と白扇に揮毫を求めたところ、副島は直ちに筆を執って次の詩を書いた。

日々把経朝建章　　日々経《けい》を把《と》りて建章に朝す
衣裳常帯御炉香　　衣裳 常に御炉の香を帯ぶ
君王恩沢元深重　　君王の恩沢 元より深重
未敢放臣烟水郷　　未だ敢て臣を烟水の郷に放たしめず

――日々経典を抱えて宮中に参謁する。私の衣服にはいつも御炉の香が移っている。陛下の御恩情は以前と変わらず厚く、なお私を故郷佐賀へ帰そうとはなさらない。

副島家は菅原道真の末裔であるとされる。道真は「九月十日」と題した漢詩の中で「恩賜の御衣今此に在り、捧持して毎日餘香を拝す」と詠んでいる。太宰府に配流される前年の重陽後朝の宴で、道真が「秋思」の勅題で作った詩が醍醐天皇に賞せられ、御衣を下賜された。道真は配流先で毎日その御衣の残り香を拝して、天皇の恩恵を偲んでいたのである。

徳大寺から唐突に詩を求められた副島の脳裏には、おそらく道真の詩が浮かんだのであろう。讒言《ざんげん》によって太宰府に流されてなお天皇を慕う道真を思えば、その感激も一入《ひとしお》であったことであろう。この頃副島は、「秋風に故郷を思う」と題し詩を詠み、その序に次のように記している。

予は肥前の人なり。而して東都に客游す。亦唯《またただ》明治の功臣なるを以て、義として去る能わざるなり。独《ただ》に去る能わざるのみならず、天子の手詔を賜うを以ての故に去る可からざるなり。況《いわ》んや垂白の父、堂に在《い》ますにおいてをや。父の意の在る所、背く可からざるなり。而れども予が意、実に肥前の柑を思うて忘る能わざるなり。秋風に故郷を思うの作、是に於《おい》てか成る。

副島は、元田に宛てた書翰にも、佐賀に在る先祖の墳墓の下で隠棲したいと記していた。故郷への思慕の念は断ち難かったが、宸翰を下賜してまで自分をとどめようとした天皇の意に背くことはできなかった。その後副島は、宸翰について一切口外することはなく、死去する約一年前に嗣子道正を呼び初めて宸翰を示し、「我家の秘宝として伝ふべきにより、我れ亡き後と雖も公にはすまじきぞ」と言い遺した。

百余年の時を経て、現在宸翰は佐賀城本丸歴史館に所蔵されている。副島に帰郷を思いとどまらせた宸翰は、故郷佐賀に永久に保存されることとなったのである。

〈齋藤洋子〉

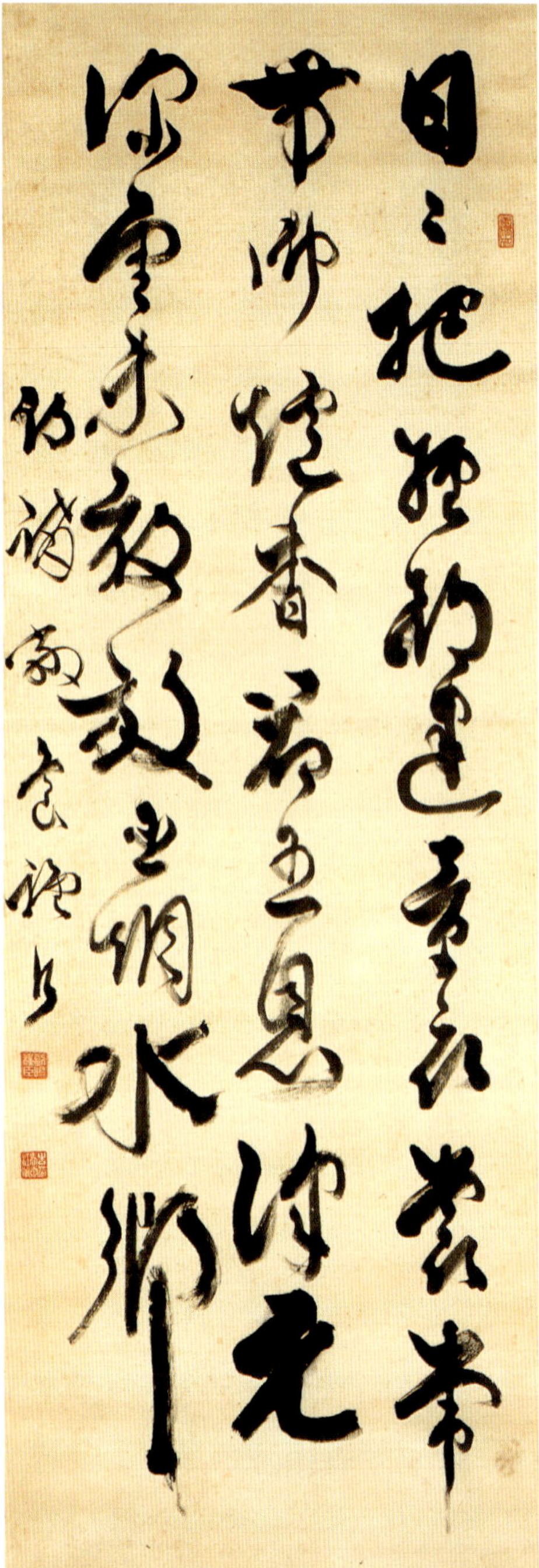

副島種臣書「上暇不得作」　日々把経朝建章。衣裳常帯御炉香。君王恩沢元深重。未敢放臣烟水郷。侍講副島種臣。

副島種臣（五十七歳）

第四章　新たなる課題――国会開設後を見据えて

開拓使官有物払下げ事件

明治十三年（一八八〇）三月、国会開設期成同盟が結成され、国会開設を求める声が全国へと広がっていく中、十四年七月、北海道開拓使官有物払下げ事件が新聞で報道された。同時期天皇は、東北・北海道巡幸に出ていたが、連日の新聞報道、各地での演説会によって世論は沸騰し、民間における藩閥政府への批判はとどまるところを知らなかった。

副島は、こうした状況を黙視することはできなかった。いや、むしろ憤りを抑えることができなかったと言ったほうが的確であろうか。

十月五日、副島は巡幸に供奉していた有栖川宮熾仁親王《ありすがわのみやたるひとしんのう》・大隈重信宛に建白書を送った（『大隈重信関係文書』）。その内容は極めて過激なもので、（一）開拓使官有物払下げを止め北海道に三県を置き、片岡健吉《かたおかけんきち》、谷重喜《たにしげき》、田口卯吉《たぐちうきち》を知事に任命すれば民権家も承服するであろう、（二）島本仲道《しまもとなかみち》を侍従長または司法省検事の上席とすれば新聞論調も緩和されるであろう、（三）薩長肥の出身者ではな

佐佐木高行
北海道大学附属図書館北方資料室蔵

く、人材を天下に求めるべきである、田口卯吉の大蔵省輔、福地《ふくち》源一郎《げんいちろう》の外務卿輔または大臣、岡本健三郎の大蔵卿、板垣退助の陸軍卿などは適任である、（四）議事院の設置、などであった。

副島は、建白書の最後に「本書御内見の上、陛下の御手元に御直奏遊《あそば》されたく」と天皇への奏上を希望していた。しかし有栖川宮は、格別感心するほどのものではないとして天皇に見せることはなく、後日建白書について問い合わせてきた岩倉具視にも、すでに大隈へ渡したので手許にはないと答えた。おそらく有栖川宮は、建白書が大臣参議らの目に触れれば副島への糾弾は免れないと考え、穏便に事を処理しようとしたのであろう。しかし、副島は三条実美にも面会し同趣旨の所懐を述べていた。

当然のことながら、政府内から非難の声が挙がった。大臣らの副島非難を耳にした天皇は、政府が再び副島排斥を訴えるかもしれないとして、元田永孚と佐佐木高行を副島へ遣わし、漫《みだ》りに書生輩と談論することを慎むようにと垂諭した。こうした天皇の意向もあってか大臣らは、建白書中で薩長肥からなる現政府を痛烈に批判し、人材は広く天下に求めるべきと主張するなど甚だ不都合な点はあるが、今後挙動を謹み君徳輔導に精神を注ぐならば重畳であるとして不問に付した。

辞意と建言書提出

しかし副島は、再び辞意を表明する。明治十五年三月二十三日、副島は辞表を懐に参内した。

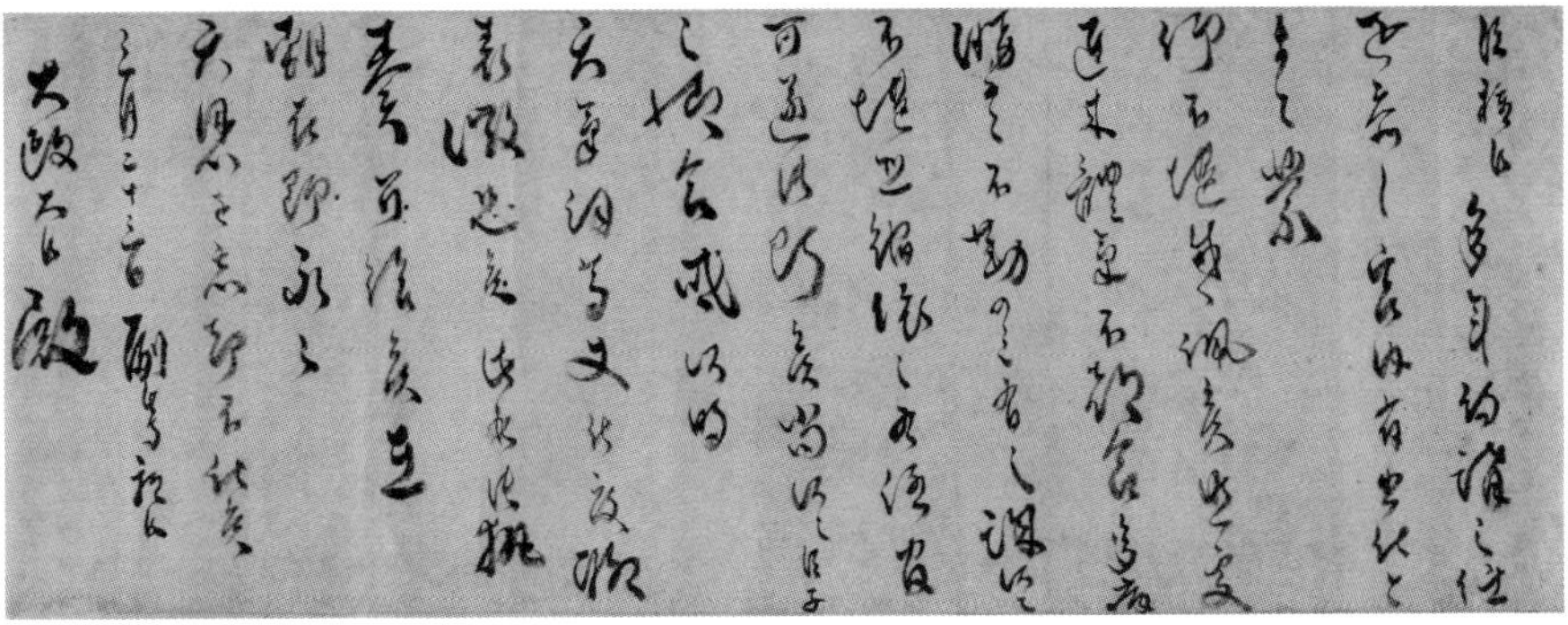

三条実美宛副島書翰／神奈川県立公文書館蔵（『山口コレクション』）

> 臣種臣、多年侍講の任を忝し、宮内省出仕として仰せを蒙り、感佩に堪えず候。然る処、近来体気不都合多病勝にて不勤のみ之れ有り、誠に以て恐縮に堪えず、之に依り右任官遂ぐ可くを御断り候。尚以て臣子の情合或いは以て明なり、天気伺等丈仕《つかまつ》り度《たく》、聊《いささ》か微忠を表し候。此《か》くの如く御執奏給う可く候。在朝在野、永々天恩を忘却仕らず候。

体調不良を挂冠の理由としているが、副島は政府の方針に不満を持っていたのであろう。先の建白では、天皇の示諭があり矛を納めたが、副島が非難した藩閥政府はそのまま継続し、民間人の登用どころか官民の関係は悪化しつつあった。

これに対し天皇は、副島に意見の奏上を求め、さらに岩倉との話し合いを勧めた。天皇の意を受け、二十七日、副島は岩倉に書翰を送り、二十三年の国会開設に向け、士族に配慮すること、忠臣・孝子・節婦・順弟らに位階などを授与すること、広く人材を天下に求めることを希望し、自身の意見に了解が得られるならば職にとどまると伝えた。そして翌日、宮中で元田も交え三人で会談した結果、副島は辞意を撤回した。

また、天皇に意見を求められた副島は、事前に元田に披見した上で、四月二十一日に長文の建言書（『元田永孚関係文書』および宮内庁書陵部蔵「副島種臣建言」、以下「明治十五年建言」）を提出した。副島の主張は、明治十四年十月の国会開設勅諭によって生じた懸案事項を踏まえたもので、（一）税制度、（二）

副島種臣書「紉蘭」／松坂屋本店蔵

副島種臣書「寿愷」／佐賀城本丸歴史館蔵

道徳と自由、（三）選挙法、（四）地主と小作人の関係、と四つの事柄に言及している。特徴的な点は、人頭税の採用、普通選挙の実施、王土論の展開である。

誰もが一律に支払う人頭税は、貧者には過酷な政策とも受け取れるが、「人頭を計《かぞ》へられし以上は倶《とも》に是《これ》国民ぞかし」という言葉が示しているように、同等の負担によって同等の権利を得るという考えからであった。これは普通選挙の主張に通ずる。当時、官民問わず多くの私擬憲法が発表されていたが、その大部分は財産や納税額による選挙資格の制限を設けていた。しかし副島は、「今茲《ここ》に西洋説を引て資格論を立るものあり、是中等社会常に身に便にするの計、天下の為に公論するものに非ず、野蛮臭し」と、納税額による参政権の付与に強い懸念を示している。

そして地主と小作人の関係についても多く言及している。まず、地主と小作人という関係は社会的格差の拡大を齎《もたら》すと指摘している。さらに、王土王民論の立場から、副島は地主という存在自体に否定的であった。

王土王民論

「明治十五年建言」の中で副島は、次のように記している。

所謂《いわゆる》普天率土皆王有とは、版籍奉還の明文に見へて天下万歳の声聞へたり、然《しか》るを天子は、西洋説は公平なりとの論議に由られて、地券等まで其々《それぞれ》に渡し下されたり。

副島の言が示すように、王土王民論は版籍奉還の大前提であった。その一方で、五年には田畑永代売買の解禁、地券の交付により土地の私有制度が確立した。版籍奉還により租税徴収権は政府に移行されたが、財政が窮乏していた維新政府にとって、統一税制の確立は焦眉の課題であった。しかし結果として、明治維新の理念であった王土王民論との間に矛盾が生じた。この矛盾が十五年になって再び議論されることになったのである。

国会開設へ向け様々な懸案が浮上する中で、皇室経費の問題が議論され始めた。岩倉は、国会開設後民権論が激進し、「天子と雖も国会に左右せられ」て大権を失いかねない事態を想定し、政府が所有する土地（官有地）を全て皇有地とすることで皇室財産を守ろうとした。また、土地を皇有・官有・民有の三つに区分して、皇室財産を確保する案も出された。こうして土地所有のあり方について、再び議論が始まったのである。

副島は王土論の立場から土地の私有に反対であった。そこで、「地券授与」を「地券借与」と改正し、その土地の産物や不動産は個人の所有と明示すべきであるとした「地券改正の議」を岩倉に建言した。元田は副島の意見を「義理明白、尊王憂国の心ある者、常に熱心渇望する所なり」と称賛した。しかし、既に交付している地券を「授与」から「借与」へと改正するとなれば、世論の抵抗が大きいであろうから「地券授与」を「地産券授与」と改めるよう岩倉に提案した（『元田永孚関係文書』）。

元田永孚／国立国会図書館ＨＰ

岩倉が十五年七月、三条に示した意見書は、地券発行・地租改正によって確定したかにみえる土地制度および租税制度の根本的見直しを求めており、内容が様変わりしている。従来、この変化については、井上毅《いのうえこわし》と元田の影響があったと指摘されているけれども、副島が「地券改正の議」を岩倉に建言していること、さらに元田の「地産権」論が、副島の「地券改正の議」を敷衍したものであったことを考えるならば、副島の意見は、皇室財産をめぐる岩倉の意見にも、影響を与えたと言えるであろう。この副島の見解は次第に浸透していき、政府内外に一定の勢力を持つようになった。

副島の官民調和論

「地券の改正」とともに副島が心を砕いていたのが、官民調和であった。

十四年十月に板垣退助を総理とする自由党が、翌年四月には大隈重信を総理とする立憲改進党が誕生した。副島はいずれの結党にも参画することはなかったが、周囲の人々は副島の動向を警戒していた。ことに、大隈とは同郷旧知の間柄であったため、改進党結成に副島が参加するのではないかと案じた。大木喬任は佐佐木高行に、副島は大隈の政治的意見に賛同はしていないが、政府への不平という点で一致したならば、余程の勢力を得るであろうと述べ、元田は、副島が大隈らにそそのかされ、自由論者の奇貨に成るかもしれないと懸念していた。しかし、「明治十五年建言」の中で「所謂社会を半々にし、或は政党或は阿党、以て己が全体社会を破壊せんとするが如き、我深く取らざるなり」と語っているよう

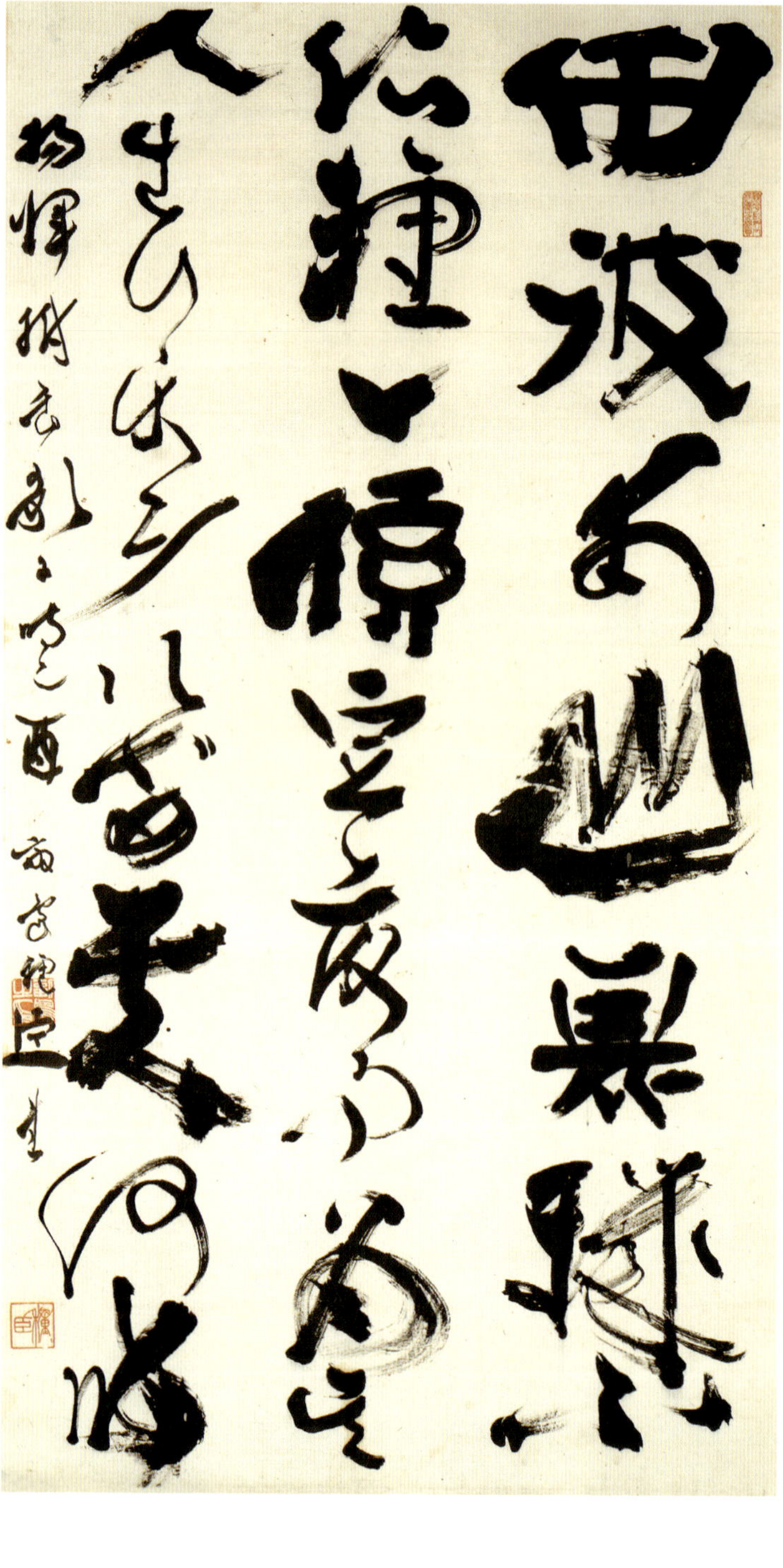

副島種臣書「楊子幼報孫会宗書」句　田彼南山。蕪穢不治。種一頃豆。落而為萁。人生行楽耳。須富貴何時。楊惲拊書歌。于時乙酉。副島種臣書。

に、副島は、民党と政府の対立という事態こそ避けなければならないと考えていた。

同時期、副島は「王道無偏無党」主義を唱道し、人々を鼓吹していた。そして副島の意を汲み共鳴したのが、故郷佐賀に設立した政治結社「開進会」と、副島の膝下で会した「改進会」であった。

開進会は、明治十四年十月八日佐賀において、旧憂国党と、国権論的な共同社と、米倉経夫《よねくらつねお》らの民権派の三派が合体して成立した政治結社で、設立から二ヵ月後の会合で、副島の口述である「開進会主義書」の確定式をおこなっている。主義書の内容は極めて理念的で、後日この主義書を掲載した「東京日日新聞」は、「漸急折衷党とも謂《い》ふべきもの歟《か》」と解説している。

一方、改進会は十五年四月頃に東京で成立し、五月に浅草の某寺で大会を開き結束を固めた。行動指針を記した「改進会約書」は、「開進会主義書」とほぼ同様であり、八ヵ条からなる「改進会の心得」の趣旨は、「明治十五年建言」や同時期新聞に掲載された「副島君意見」と同様である。そして「規約」には「一、国領を鞏《きょう》固《こ》にす。一、人心を一和す。一、公義を立つ。一、外暴を禦《ふせ》ぐ。一、内安を進む。一、日本帝国の独立を永々に保存す」と記されている。

東京の改進会は副島の「王道無偏無党」主義に基づいた啓蒙団体といった色彩が強い。十二月には副島が会長となり四十名が参加して懇親会が催されているので、門弟にとどまらず賛同者を得ていたのであろう。一方、佐賀の開進会は政治結社として活動し、後に九州改進党の結成に参加している。両会の性質は異なってはいるものの、副島の主張を戴き、行動の規範としたのである。

さらに、副島の官民調和論は、明治十五年の板垣遭難後の対応にも表れている。四月六日、板垣は遊説先の岐阜で暴漢に襲撃された。副島はすぐに電報を打ち見舞った。板垣のもとに見舞いの勅使が差し遣わされたため、板垣は五月末に御礼参内のため上京し、副島にその手続きを依頼した。副島は、三条、岩倉らにとりなしを依頼したが、自由党総理という板垣の立場に対する政府内の反発は大きく、天皇への拝謁は実現しなかった。この時、副島は岩倉に「此節こそ、主将の法は英雄の心をとる、といふ御挙動遊ばされ度」（総大将として全軍を統率する最良の方法は、部下の中の英雄を心服させることである）と、古代中国の兵法書である「三略」の言葉を引き、民党の党首である板垣への寛容な態度を進言し、自分も「板垣と心を合せ必《かならず》柔和主義を以て御奉公」したいと申し出ている（『三条家文書』）。

黒田の旗揚げと九州遊説願い

明治十六年春、副島は「地券の改正」と「官民調和」を説くため、九州遊説を天皇に願い出た。

この頃副島は、肥前・薩摩グループの会合に参加し、これまで反りが合わなかった黒田清隆と意見を交換している。明治九年に長崎県へ併合された「佐賀県」の復県を目的とし、肥前出身者の間で会合がおこなわれていたところへ、黒田ら薩摩グループが加わったのである。黒田は、吉井友実を通じて副島や大隈に、

黒田清隆／国立国会図書館ＨＰ

「前後の時勢を熟慮し、一致団結して大いに基本を確立することが今日の急務である」との意思を伝えた。吉井がこうした黒田の行動を、「黒田の旗揚」と称していることから察すれば、当時内閣顧問官という閑職にあった黒田が、政治的意図をもって肥前グループに接近したのであろう。

五月六日来訪した吉井と宮島誠一郎に、副島は国会開設に向け目下の課題は、第一に君主権限を侵すことのない憲法を制定すること、第二は地券を改正し土地の私有制認定を取り消すことであると述べた。そして、

此事は、黒田氏の力を以て担当致しもらい度《たし》。さすれは社会等は自分一人にて相向ひ担任致し、縦令《たとい》暗殺せられても顧みざるなり。唯《ただ》社会の沸騰を起して、聖上の御迷惑を掛けては死しても不足なり。

と、政府内の議論は黒田に任せ、自分は在野の人々の説得に乗り出すつもりであると語った（『宮島誠一郎日記』）。当時の副島の心情は、七月に三条に呈した「国会開設に関する建言」に如実に反映されている。

自分は、皇室の繁栄と民の安寧を願って、過年板垣らとともに民撰議院設立を建言した。今や二十三年の国会開設、憲法制定が決定した。この上は、維新時の「神武復古との御名言に叛」かないように、そして五ヵ条の御誓文中の「皇威を海外にかゞやかすとのことも」是非実践して頂きたい。しかし国会開設、憲法制定はあくまで「大権に干渉せざる餘分に止《とどめ》る」べきで、「天子の御威光巍々」た

副島種臣書「紅葉館」 紅葉館前紅葉寒。人情誰忍別離難。西風弌夜相吹散。何目青楓復共看。副島種臣書。／佐賀県立美術館蔵

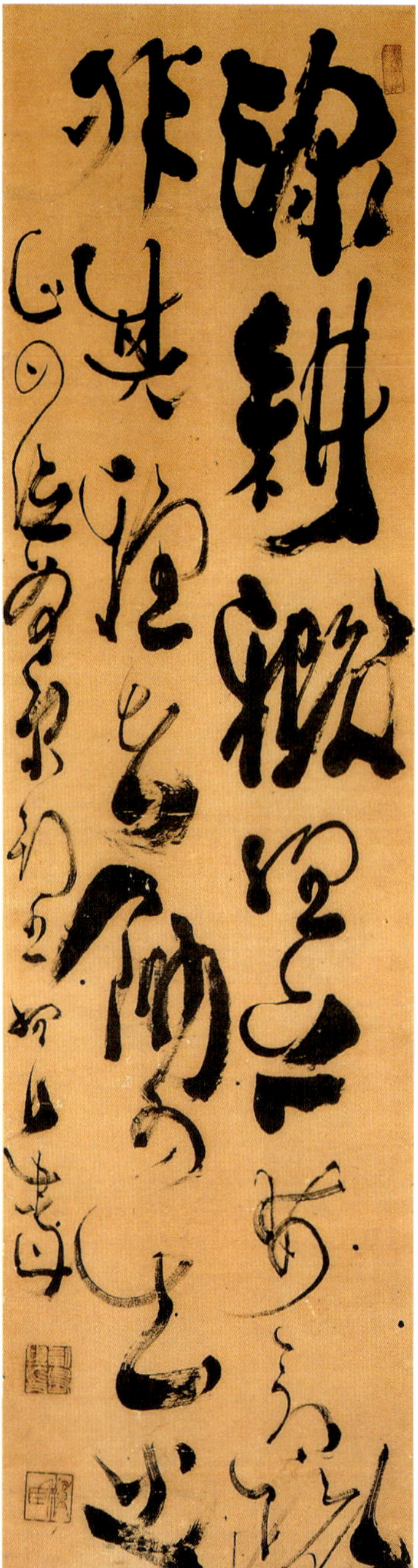

副島種臣書「史記斉悼恵王世家句」 深耕穊種。立苗欲疏。非其種者。鋤而去之。正四位菅原朝臣種臣書。／佐賀城本丸歴史館蔵

ることが民の幸福である。「何卒目出度き御法章を垂させられ度《たく》」、このことは民撰議院設立建白書に名を連ねた者らの「本意本望」であり、その気持ちは今も決して変わっていない、と。

建言の冒頭と末尾で民撰議院設立建白について触れているのは、激化する民権運動を嘆じてのことであろう。有司専制を批判し、国家崩壊を防ぐために民撰議院設立建白書に連署したが、民権が大権を侵すような事態となっては本末転倒である。国会開設期成同盟、政党誕生、政党運動の激化といった世情を受け、自由民権運動の端緒となった民撰議院設立建白書に名を連ねたことに、副島は責任を感じていた。だからこそ、自ら遊説にでかけ人々に己の真意を訴えようとしたのである。

周囲の反対

しかし天皇はじめ大臣、元田、大木らは、副島の遊説を危惧した。大木は、「皇室の御為め謀り官民間の調和をなすの目的」で巡回したいという副島の考えに理解を示しながらも、「其間には随分自分の説を吐露致さるには相違之れ無く、此辺は如何と苦慮仕候」と、副島が遊説先で持説を展開することに不安を感じていた。そして、岩倉や元田は、副島の「人撰法」が社会主義的要素を帯びていると見て、副島の九州遊説が日本に「欧羅巴社会党の如き」政党を生むのではないかと憂慮した。

副島は、意見書などでしばしば「社会党」という言葉を用いている。「開進会

副島種臣（77 歳）

主義書」では、「夫《それ》人生《うま》る、時より国民の名を被らざるはなし、宜《よろし》く亦《また》撰挙被撰挙の権を有すべきなり、此理を以てせば社会党なり」と語り、「明治十五年建言」中でも「是故に上代は豪貴を抑へて貧賤に与《く》みし華者を圧《おさ》へて困窮に怜《あわれ》む等の挙あるを以て明君賢君の実とせしなり、哲臣輔佐の務《つとめ》とせしなり、淑人君子の論とせしなり、四海万民の希望とせしなり、千古丹青の照しとせしなり、而今の社会党借地党の恐らくは嗟嘆《さたん》する所ならん」、「且《かつ》古の天子は社会党なり借地党の主義なり」など、「社会党」という言葉を肯定的に使用している。晩年、副島は門人の質問に答えて、

> 抑《そもそ》も社会主義の起るは、人間社会の組織上、上流社会と、下層社会との懸隔を生じまして、其間に一の空間の如きものを生じ、相互に軋轢《あつれき》を免かれざるに至ります。これが革命を促《うな》がすの原因であらうと思ひます。社会主義を唱道するは、即《すなわ》ち此の革命の騒乱を予防するの策に外ならずと存じます。而して西洋の社会主義は、権利の平均、利益の配分を主とし、東洋の社会主義は、道徳を以て貧富の離隔を調和するを主とす。彼の五畝の宅や井田法の如き、又孟子に、王何ぞ必ずしも利を言はん、亦仁義あるのみと言ひ、色を好むと言へば、昔は大王も色を好む。故に内に怨女なく、外に曠夫なしと言ふ。皆是れ不調和を矯正するの言のみ。是を以て見ると、孟子も亦一の社会主義者とも申さるべきか。

と語っている（「蒼海閑話」）。副島にとって社会主義とは、「革命の騒乱を予防す

るの策」であって、「道徳を以て貧富の離隔を調和するを主とす」る思想であった。

しかし、岩倉らは、副島の使用した「社会党」という言葉に敏感に反応したのである。当時、ロシアの虚無党に関する記事が、頻繁に新聞に掲載されていた。そして虚無党員によるアレキサンダー二世暗殺事件のような過激な行動は、壮烈な献身的行動として自由党急進派に深い感激を与え、ロシア虚無党の活動事情を描いた出版物も続々刊行されていた。自由党の急進派は「虚無党の思想を理解するといふよりも、たゞ自由のため、専制政府と戦ふ壮烈な行動を賛美した」という（赤松克麿『日本社会運動史』）。こうした中で、十五年五月、長崎で樽井藤吉《たるいとうきち》が首唱者となって東洋社会党が結成された。同党の「綱領」は道徳的な平等を説いたもので、ロシア虚無党とは全く異質であったが、政府は治安に妨害ありとして、結党から二ヵ月後の七月には集会を禁止し、翌年一月には禁止命令に背き党則草案を印刷配布したことを罪に問い、樽井を禁錮一年に処した。政府は「東洋社会党」という党名に神経をとがらせていたのである。樽井は、副島の甥諸岡孔一《もろおかこういち》と旧知の間柄であり、副島の命を受けた諸岡が東京からやって来て大いに社会主義を鼓吹したので、自分もたいそう意を強くしたと語っている。東洋社会党結成後の第五回長崎政談会では、諸岡が樽井らとともに演説をしたことが新聞で報道されている。東洋社会党の動向に目を光らせていた政府がこれを見逃すとは考え難く、背後に副島の存在を感じていたことであろう。

また、副島と開進会の関係も岩倉らの不安を増大させた。開拓使官有物払下げ

武富時敏

に憤激した副島が、過激な建白書を提出したことは前述したが、同時に諸岡を佐賀へ遣わし、故郷の子弟に上京を呼びかけていた。九月末帰郷した諸岡は、十月六日に与賀馬場芝居場で開かれた公会政談演説会に登壇し、集まった二千四百人余りの民衆を前に官有物払下げの不正を訴えた。そして、八日の開進会設立に参加し、十日に田中種審、武富時敏《たけとみときとし》とともに佐賀を発った。しかし、十二日には国会開設の期限を定める詔勅が発せられたため、「東京に着て見れば鎮火後の火事場の様で張合抜けがした」と武富は述懐している。同志を糾合し、藩閥政府の不正を糾弾しようとした副島の試みは、政府側の迅速な処置によって実行の機会を失ったが、副島と開進会の関係については、様々な筋を通じて政府要路者の耳に入っていた。

　長崎県令の内海忠勝は、十四年十月に諸岡が帰郷した前後の佐賀の状況を、詳細に伊藤博文に報じている。また、開進会の主義書が副島の口述であることは、熊本で紫溟会を起こした古荘《ふるしょう》嘉門《かもん》によって井上毅に報じられ、井上から山田顕義《やまだあきよし》、山県有朋《やまがたありとも》、そして品川弥二郎にも伝達された。大木や岩倉の手許へも開進会主義書は届いており、開進会と副島の関係については、成立当初から政府要路者の知るところであった。

　開進会は、十五年三月の九州改進党結成に参加し、その一員として活動していたが、十六年当時、九州改進党内部にも過激論が生じていた。副島は、長崎、鹿児島、日向、大隅などの九州改進党の各拠点を巡回遊説して、郷里佐賀に入ることを企図していた。

副島種臣書「喜」 喜。国家有事則念死。卿父母仕室則欲其寿。是人之至情也。今茲九月九日。余七十七誕辰也。家息道正率家人以開寿筵。亦不得已也。余聊作喜字答焉。亦一興也。種臣。／佐賀県立美術館蔵

副島家集合写真　副島種臣（中央）の右の軍服姿が枝吉歌麿、右端が息子道正、後方に継室正子

明治37年9月9日、種臣喜寿の祝の際の親族写真

元田は、副島の主張に対して、識慮有る人が聞いたならば問題はないであろうが、政党員が聞いた場合には誤認謬伝し、どんな影響が生じるとも限らず、「遂には人を誤り己を誤るの弊害測るべからず歟」と語っている。たとえ、副島の言う「社会党」が、「革命の騒乱を予防」し、「道徳を以て貧富の離隔を調和する」ことを意味していたとしても、言葉だけが先走り、結果として急進民権家を煽動するという事態に陥ることを危惧したのである。

遊説の断念

明治十六年六月十五日付「鎮西日報」は、副島が百日の暇を賜り、九州遊歴のため二十一日に東京を発し、薩州、豊前、豊後、肥後および長崎、佐賀などを訪問する予定であると報じた。副島は、既に具体的な日程を組んでいたようである。しかし結局、遊説は実現しなかった。

六月二十二日、元田は京都滞在中の岩倉に「副島九州下県の内願に之れ有り、已《すで》に発途に臨み、思食も在らせられ候旨小官より話合候処、同人より相止め候段願出、好都合に相運申候」と報じた。天皇の意を受けた元田の説得により、副島は遊説を断念したのである。副島の決意は相当堅く、引き止めることができたのは天皇だけであった。天皇は、当初から副島の遊説に反対していた。

十二年、政府内に副島排斥運動が起こった際天皇は、「西郷隆盛・木戸孝允・大久保利通・伊地知正治・副島等は共に天下の仰瞻《ぎょうせん》する所なり、而して西郷・木戸・大久保は已に逝けり、故に伊地知・副島を挙げて左右に置く」と語った。当時、急進派自由党員は激化運動に傾きつつあった。元田が「人を誤り己を誤るの弊害測るべからず歟」と語ったように、天皇、岩倉、元田らは、九州遊説に出るという副島の言葉に、西郷隆盛や江藤新平の姿を重ね合わせていたのではないだろうか。裏を返せば、こうした人々の懸念は、副島の在野への影響力の大きさを示すものに他ならない。副島は、官民双方に影響力を持つ存在と目されていたのである。

一方で元田は、副島を侍講として欠くべからざる人材とも考えていた。六月二十六日に来訪した宮島に、元田は、副島のように「学力淵博」な人物は比類なく、かつ天皇の御前で「誰夫《だれそ》れなども政党を離れ今日は決して政党は決して御労襟に及ばぬ」などと色々と吐露する様子は「如何にも君臣情洽の体に於て他臣の及所に非ず」と語った（『宮島誠一郎日記』）。元田が九州遊説に反対した理由の一つには、副島は宮中から失うにはあまりにも惜しい人物であるという思いもあったのである。

おわりに

前述した副島の地券改正論が勢いを得ていく中で、危機感を募らせたのは井上毅であった。プロシア流憲法の制定を目指し明治十四年政変で暗躍した井上は、政変後、憲法草案起草に向け調査研究をおこなっていた。こうした中で、官民双方に影響を持つ副島の言説は看過できなかった。

井上は十五年四月に岩倉に『国権論』第三号を送付して、副島への廻示を依頼

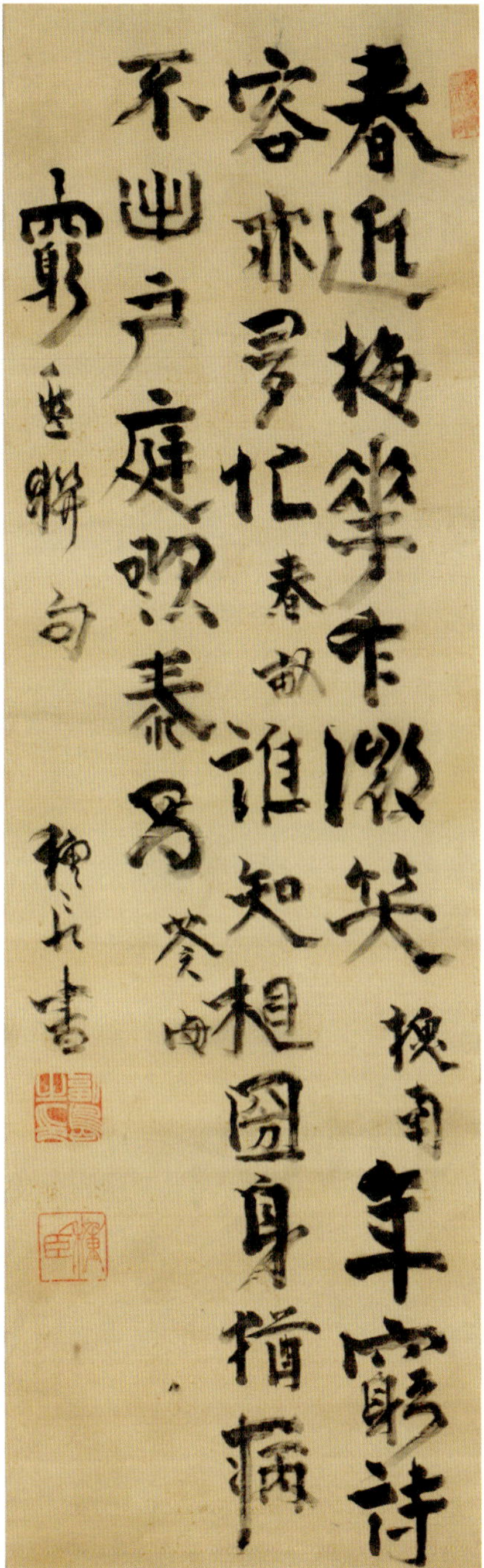

副島種臣書「窮愁聯句」 春近梅華乍微笑。槐南（森槐南）。年窮詩客亦多忙。春畝（伊藤博文）。誰知相国身猶病。不出戸庭歌泰昌。蒼海（副島種臣）。窮愁聯句。種臣書。 詩は森槐南、伊藤博文、副島種臣の合作／佐賀城本丸歴史館蔵

伊藤博文／国立国会図書館ＨＰ

している。同書には、国法を公法と私法に大別し、君主権は私法上の権利ではなく、公法上の権利であると記されている。井上は統治権を公法として、所有権を私法として捉えており、統治権と所有権を同一のものと考える副島の王土王民論に否定的であった。そのため同書を通じて、副島に一考を促そうと考えたのであろう。しかし副島は意見を変えることなく、元田や岩倉までもが同調しはじめたので、焦った井上は大臣らを遊説し、伊藤の帰朝後に結論を出すよう問題解決の引き延ばしを図った。

十六年八月四日、伊藤は欧州憲法調査から帰国した。副島の意見に感化されつつあった右大臣岩倉具視は既に鬼籍に入っていた。伊藤は井上の意見に同意し、元田や副島の「地券没収（改正）論」を排斥しようと請け負った（八月二十一日付・大隈重信宛北島治房書翰、『大隈重信関係文書』）。井上の策戦は功を奏したのである。

十月二十七日に吉井の仲介により副島は伊藤と面会した。この時の模様を、吉井から聞いた宮島は、

吉井に偶然相会す、今朝副島を伴ひ伊藤の高輪を訪ふ、然るに伊藤の話誠に国体上より発し、帝室等の事は大に副島も同論にて、惣《すべ》て異存無きよし、副島も角を折りたるよし、吉井も此両人の交際を仕舞、大に安心せりと云ふ。

と、日記に記した。会談の詳細は不明だが、伊藤が「天祖以来一姓君臨所有の王

土たるは歴史上確然」（「地券改正の議」）という主張と、「古は公田と私田とのけぢめあり」（「明治十五年建言」）とは矛盾すると指摘したため、副島は持説を撤回せざるを得なくなったようである。これは井上が、伊藤が帰国するまでの間に、副島に論駁すべく古典研究に取り組み、『日本書紀』雄略天皇の巻に私田の記事があることを見出していたからである。井上は、伝統法と西洋法を融合させて明治憲法の条文を起草していくことになるが、副島の国体論も何かしらの影響を及ぼしていたと考えられている（島善髙『律令制から立憲制へ』）。

維新政府で維新の三傑と呼ばれた西郷隆盛、大久保利通、木戸孝允と肩を並べた副島にとって、伊藤は若輩者であった。後年、副島は東邦協会の席上で伊藤を前に、自分が外務卿であった頃は伊藤を「ホン小僧の様に思っていた」と言い大笑した。大久保の死により政治勢力が分散した明治十年代前半の政局の中で、副島もその一翼を担っていた。しかし、欧州調査を経て伊藤が描いた国家像に異存はなく、副島は伊藤を新たなリーダーとして認めたのである。

〈齋藤洋子〉

あとがき

私が佐賀県立佐賀城本丸歴史館副館長である古川英文氏と初めてお会いしたのは、拙著『開国と治外法権』を世に送り出して間もないころであった。拙著は領事裁判権に関する博士論文をまとめたものであったが、副島種臣が関係したマリア・ルス号事件も取り上げていたことから、目にとまったのであろう。

その後、早稲田大学の島善髙先生の編になる『副島種臣全集』（慧文社刊）の出版が始まり、すでに三巻が発刊され、非常に詳細な編集がなされている。本書の共著者である齋藤洋子氏も、この全集に深くかかわっておられるが、その研究は、これまで蓄積の薄かった下野後の副島の動向を明らかにしたことに加え、思想史的手法をとりいれて副島のあらゆる著作物から彼の考えを読み取り、それを実証的に時代の中に位置付けている。さらに副島の数ある業績の中からマリア・ルス号事件をクローズアップすることにはそれなりの意味があるという編集委員会の判断から、森田が執筆に加わることとなったのである。

副島研究については、一昨年、法政大学名誉教授の安岡昭男先生が伝記的研究の基礎というべき著作（人物叢書『副島種臣』吉川弘文館刊）を上梓された。リジェンドル研究を進めている桜美林大学のロバート・エスキルドセン氏による最新の研究も、そろそろ公にされるはずである。このような副島研究隆盛のきざしに本書も一役を買えるならば、著者の一人として幸いである。

二〇一四年一月

森田朋子

副島種臣関連略年譜

（西暦）	（和暦）	（年齢）	（事項）
1828	文政 11	1	9.9 佐賀城南堀端赤松町に生まれる。
1848	嘉永 1	21	藩校弘道館の内生寮の首班となる。
1850	嘉永 3	23	楠公義祭同盟の結成に参加する。
1852	嘉永 5	25	京都に留学し，皇学を研究する。
1858	安政 5	31	帰藩し，佐賀兵の上洛を献言し，禁足を命じられる。
1859	安政 6	32	1 月，父枝吉南濠死去。3 月，副島五左衛門利忠の養子となり，弘道館の教諭となる。
1861	文久 1	34	明善堂文武方心得として江戸に派遣される。
1862	文久 2	35	佐賀に送還され，他藩文通禁制を命じられる。8 月，兄枝吉神陽死去，享年 41 歳。
1865	慶応 1	38	長崎の英学塾「蕃学稽古所（のち致遠館）」の舎長となり，フルベッキから英学を学ぶ。
1867	慶応 3	40	3 月，幕府に大政奉還をすすめるため大隈重信とともに脱藩，上京する。5 月，佐賀に送還され，謹慎を命じられる。
1868	明治 1	41	3.13 明治維新政府に出仕，参与，制度事務局判事となる。福岡孝弟とともに政体書を起草。6.25 佐賀へ帰国。7.23 東北遊撃を命ぜられる。12.4 東京在勤を命ぜられる。
1869	明治 2	42	2 月，藩政改革のため佐賀へ帰藩する。5.21 従四位下に叙せられる。7.8 参議となる。
1871	明治 4	44	5 月，外務省御用専務を命ぜられる。7 月，帰朝。参議を辞任する。11.4 外務卿となる。
1872	明治 5	45	6 月，英国代理公使より，ペルー船マリア・ルス号乗船の清国人苦力への虐待に対する取調要請を受け，7.1 神奈川県参事に取調べを命じる。9.13 清国人苦力を清国に引き渡す。
1873	明治 6	46	3.13 特命全権大使として清国へ出発する。4 月，日清修好通商条規批准書を交換する。6.29 清国同治帝に謁見し，国書を奉呈する。7.25 帰朝。10.13 参議，外務省事務総裁となる。10.25 参議を辞任，御用滞在を命ぜられる。
1874	明治 7	47	1.12 板垣退助らとともに愛国公党を結成する。1.17 民撰議院設立建白書を左院へ提出する。
1876	明治 9	49	9.9 御用滞在を免ぜられる。9.20 清国漫遊へ出発する。
1877	明治 10	50	9 月，清国より一時帰国，12.5 清国へ再出発する。
1878	明治 11	51	春，清国より帰国。7.12 清国公使何如璋主催の宴会に出席する。9.24 吉井友実ら有志による西郷南洲慰霊祭に参加する。
1879	明治 12	52	4.21 宮内省御用掛一等侍講兼侍講局総裁となる。8 月，黒田清隆が副島罷免を訴える。
1880	明治 13	53	1 月頃，元田永孚に辞意を漏らす。3.31 宸翰を下賜され，辞意を翻す。
1881	明治 14	54	10.10 副島の呼びかけに応じ，田中種審・武富時敏が諸岡孔一とともに東上する。
1882	明治 15	55	3.23 三条実美に辞表を提出する。3.28 岩倉具視，元田永孚と会談し，辞意を撤回する。7 月頃，岩倉に「地券改正の議」を建言する。8 月，「鹿児島新聞」に「副島君意見」が掲載される。
1883	明治 16	56	4 月頃，地券改正と官民調和を説くため，天皇に九州遊説を願い出る。4.25 以降，肥前・薩摩グループの会合に参加する。5 月，中川澄編『副島種臣君意見書評論』が出版される。7 月，三条実美に「国会開設に関する建言『口上書』」を呈出する。
1884	明治 17	57	7.17 華族に列し伯爵を授けられる。
1886	明治 19	59	2.5 宮中顧問官となる。
1888	明治 21	61	4.30 枢密院顧問官となる。
1889	明治 22	62	10.16 佐佐木高行，寺島宗則とともに天皇に拝謁し，条約改正問題の枢密院諮詢を請う。
1891	明治 24	64	7.7 東邦協会の副会頭となる。8.9 庄内を訪問。9.10 枢密院副議長となる。
1892	明治 25	65	3.11 内務大臣となる。4.27 従二位に叙せられる。6.8 内務大臣を辞任する。枢密院顧問官に再任される。この年，東邦協会の会頭となる。
1905	明治 38	78	1.31 死去。旭日桐花大綬章授与。2.3 天皇より祭資金 5000 円，皇后より 1000 円が下賜される。2.6 青山墓地で葬儀，埋葬される。

副島種臣参考文献

「条約未済秘露国風帆船『マリヤ•ルーツ』号清国拐民攬載横浜へ入港ニ付処置一件」(外務省外交史料館蔵, 3門6類3項12号)

Slave Trade Fugitive Slaves Commissions Papers supplied by F.O.; No.29. Escape of Coolie Emigrants from the Peruvian Ship "Maria Luz" on Board H.M.S. "Iron Duke" in Japan in 1872.(イギリス公文書館蔵, FO84/1442)

小河忠夫『先人小河一敏事略』非売品, 1893年

朝比奈知泉編『明治功臣録』玄の巻, 明治功臣録刊行会, 1918年

Sir. Edmund Hornby, "An Autobiography",Constable Co. Ltd. 1929

渋谷作助『武富時敏』,「武富時敏」刊行会, 1934年

丸山幹治『副島種臣伯』, 大日社, 1936年

柳田泉「『副島種臣伝』の一章――その国家社会主義的思想」,『我観』, 我観社, 1936年

渡辺幾治郎『明治天皇の聖徳重臣』, 千倉書房, 1941年

今泉みね『名ごりの夢――蘭医桂川家に生まれて』, 平凡社東洋文庫, 1963年

元田竹彦・海後宗臣編『元田永孚文書』第1巻, 元田文書研究会, 1969年

田中惣五郎『東洋社会党考』, 新泉社, 1970年

水野公寿「九州改進党覚之書」,『近代熊本』第11号, 熊本近代史研究会, 1970年

東京大学史料編纂所編『保古飛呂比 佐佐木高行日記』6,8,10,11, 東京大学出版会, 1975-1979年

杉谷昭「佐賀開進会の成立過程」,『九州文化史研究所紀要』第21号, 九州大学九州文化史研究所, 1976年

巨勢進・中村宏『元田東野・副島蒼海』, 明徳出版社, 1979年

水野公寿「九州改進党の結成について」,『近代熊本』第22号, 熊本近代史研究会, 1983年

坂田吉雄『天皇親政――明治期の天皇観』, 思文閣出版, 1984年

沼田哲・元田竹彦編『元田永孚関係文書』, 山川出版社, 1985年

坂本一登『伊藤博文と明治国家形成――「宮中」の制度化と立憲制の導入』, 吉川弘文館, 1991年

佐々木隆『藩閥政府と立憲政治』, 吉川弘文館, 1992年

N.S. キニャピナ•森田三男「マリア•ルズ号事件と露日交流の見直し」,『創価法学』21巻4号, 創価大学法学会, 1992年

奥田晴樹『地租改正と地方制度』, 山川出版社, 1993年

笠原英彦『天皇親政――佐々木高行日記にみる明治政府と宮廷』, 中公新書, 1995年

松村正義「マリア・ルス号事件の広報外交的性格」,『帝京国際文化』9, 1996年

草森紳一「薔薇香処――副島種臣の中国漫遊」,『文學界』, 文藝春秋, 2000-03年

島善髙編『副島種臣全集』1-3巻, 慧文社, 2004-2007年

望月雅士「明治立憲制の成立と藩閥――藩閥官僚宮島誠一郎を通して」, 由井正臣編『幕末維新期の情報活動と政治構想』, 梓出版, 2004年

森田朋子『開国と治外法権――領事裁判制度の運用とマリア・ルス号事件』, 吉川弘文館, 2005年

佐賀県立美術館編『没後一〇〇年記念・蒼海副島種臣―全心の書―展図録』, 佐賀新聞社, 2006年

龍造寺八幡宮楠神社編『枝吉神陽先生遺稿』, 出門堂, 2006年

齋藤洋子「副島種臣の借金問題について」,『ソシオサイエンス』13号, 早稲田大学大学院社会科学研究科, 2007年

森田朋子「日本におけるイギリス領事裁判制度――枢密院令の発展と上海高等法院判事ホーンビー」名古屋歴史科学研究会『歴史の理論と教育』第126-127号, 2007年

島善髙『律令制から立憲制へ』, 成文堂, 2009年

齋藤洋子『副島種臣と明治国家』, 慧文社, 2010年

齋藤洋子「副島種臣の条約改正意見」, 早稲田大学日本地域文化研究所編『肥前の歴史と文化』, 行人社, 2010年

湯川文彦「明治初年外交事務の形成」,『明治維新史研究』第7号, 明治維新史学会, 2011年

安岡昭男『副島種臣』, 吉川弘文館, 2012年

佐々木克・藤井譲治・三澤純・谷川穣編『岩倉具視関係史料』, 思文閣出版, 2012年

副島種臣関連史跡

高伝禅寺
副島種臣の墓所。生家枝吉家の父母兄弟,「枝吉神陽先生碑」と合祀されている。鍋島家の菩提寺。

佐賀市本庄町本庄 1112-1
Tel 0952-23-6486

弘道館跡
佐賀藩校の跡地に記念碑が立っている。父枝吉南濠,兄神陽は教諭,種臣は教授になった。

佐賀市松原 2-5-22

佐賀県立博物館・美術館
自然史,考古,歴史,民俗,美術,工芸の諸資料を常設展示。副島種臣の書跡や文書,筆硯,用印なども収蔵している。
佐賀市城内 1-15-23
Tel 0952-24-3947

佐賀城本丸歴史館
佐賀城の復元建物と,幕末明治期の佐賀藩に関わる歴史資料を展示。木原家文書など副島種臣に関わる資料を収蔵する。
佐賀市城内 2-18-1
Tel 0952-41-7550

佐嘉神社
藩主鍋島直正と直大を祀る旧別格官幣社。境内に副島種臣が直正公の功績を揮毫した「忠勲之碑」が立てられている。
佐賀市松原 2-10-43
Tel 0952-24-9195

副島種臣生誕地
大正 9 年に佐賀城南堀に面して,生家枝吉家の跡地に「蒼海伯副島種臣先生々誕之地」と刻された石碑が立てられた。

佐賀市鬼丸町 7 番

与賀神社
欽明天皇 25 年（564）に勅願造立された神社。副島種臣が揮毫した「神降百福」額が社殿に掲げられている。
佐賀市与賀町 2-50
Tel 0952-23-6091

与止日女神社
欽明天皇 25 年 (564) の創建と伝わる。副島種臣が揮毫した「火国鎮守」額が社殿に掲げられている。
佐賀市大和町大字川上 1-1
Tel 0952-51-2429
（佐賀市大和支所）

青山霊園
副島種臣の墓所。家族や子孫の墓が敷地内に祀られている。

港区南青山 2-32-2
Tel 03-3401-3652

神奈川県立図書館
神奈川県に関する資料を広く収集。マリア・ルス号事件のあと,副島種臣や大江卓が清国から贈られた大旆を収蔵する。
横浜市西区紅葉ヶ丘 9-2
Tel 045-263-5900

憲政資料室
国立国会図書館に属する。「副島種臣関係文書」をはじめ,近現代日本政治史に関する文書類を所蔵している。
千代田区永田町 1-10-1
Tel 03-3581-2331

致道博物館
庄内藩主酒井家の御用屋敷を博物館として公開。庄内に縁が深かった副島種臣の書などを収蔵。
山形県鶴岡市家中新町 10-18
Tel 0235-22-1199

森田朋子（もりた・ともこ）
1996年, お茶の水女子大学大学院人間文化研究科比較文化学専攻単位修得退学。博士（人文科学）。現在, 中部大学教授。
編著書・論文等：
『開国と治外法権――領事裁判制度の運用とマリア・ルス号事件』（吉川弘文館）
「「不平等」条約と領事裁判権」（『史学雑誌』105編4号）
「開国と開港」（『史跡で読む日本の歴史10』吉川弘文館）
「移民とからゆきさん」（『日本の対外関係7』吉川弘文館）
ほか

齋藤洋子（さいとう・ようこ）
2002年, 学習院女子大学国際文化交流学部卒業。
2008年, 早稲田大学大学院社会科学研究科博士後期課程修了。博士（学術）。日本近代史専攻。早稲田大学社会科学総合学術院助教を経て, 現在, 学習院女子大学非常勤講師。
編著書・論文等：
『副島種臣と明治国家』（慧文社）
「資料翻刻 江藤新作日記（明治二十四年～二十五年）」（『佐賀県立佐賀城本丸歴史館研究紀要』佐賀県立佐賀城本丸歴史館）
「史料紹介　佐賀県立博物館所蔵「諸岡正順書翰」について」（『伊勢の歴史と文化』行人社）
ほか

佐賀偉人伝12《さがいじんでん12》
副島種臣《そえじまたねおみ》

2014年 2月18日　初版印刷
2014年 2月28日　初版発行

著　者　森田朋子《もりたともこ》
　　　　齋藤洋子《さいとうようこ》
発行者　七田忠昭
発行所　佐賀県立佐賀城本丸歴史館《さがけんりつさがじょうほんまるれきしかん》
佐賀県佐賀市城内2-18-1　〒840-0041
電話 0952-41-7550
FAX 0952-28-0220
装　丁　荒木博申（佐賀大学）
編集協力　和田夏生（工房*アステリスク）
印　刷　福博印刷株式会社
ISBN978-4-905172-11-6　C3331

佐賀偉人伝 既刊 2014年2月現在

A5判・112頁・本体価格952円+税

電子書籍同時発刊
価格：800円（税込）
対応端末：PC, iPhone, iPad, Android, Tablet
電子書籍のご購入方法は、「佐賀偉人伝」ホームページ
（http://sagajou.jp/sagaijinden/）をご覧ください。

シリーズイメージ

佐賀偉人伝01 ISBN978-4-905172-00-0
鍋島直正 杉谷 昭 著
佐賀藩が近代化をすすめるにあたって強力なリーダーシップを発揮したのが第10代藩主・鍋島直正です。鍋島直正が推進した“抜本的な改革”と“驚くべき挑戦”、さらに、刻々と変化する幕末の政治状況下における決断と動向にも迫ります。

佐賀偉人伝02 ISBN978-4-905172-01-7
大隈重信 島 善髙 著
不屈の政治家として生涯を貫き、早稲田大学の創設者としても知られる大隈重信。わが国はじめての政党内閣を成立させた政治家としての足跡や、教育へむけた理念などを中心に、さまざまな分野での活躍についても紹介しています。

佐賀偉人伝03 ISBN978-4-905172-02-4
岡田三郎助 松本誠一 著
第1回文化勲章受章者である岡田三郎助は、美人画に独特の優美さをそなえ、「色彩の画家」と評されました。東京美術学校（現東京藝術大学）で教鞭を執り、帝国美術院会員、帝室技芸員として美術界を牽引。絵画作品のカラー図版も多数収録。

佐賀偉人伝04 ISBN978-4-905172-03-1
平山醇左衛門 川副義敦 著
江戸末期に佐賀藩でいちはやく導入された西洋砲術は、武雄領主・鍋島茂義の指揮のもと推進されました。その最前線にあって当時最新鋭の技術導入に奮闘し、めざましく活躍した平山醇左衛門は、突然の斬首という不可解な死を遂げました。

佐賀偉人伝05 ISBN978-4-905172-04-8
島 義勇 榎本洋介 著
島義勇は、明治初期に開拓判官として北海道に入り、札幌を中心として都市を建設するために尽力しました。新政府における開拓使設置の目的や、初代長官に鍋島直正、判官に島を選任した背景、さらに島の苦難と取組みについて検証します。

佐賀偉人伝06 ISBN978-4-905172-05-5
大木喬任 重松 優 著
大木喬任は、明治前期のわが国の制度づくりにたずさわり、とくに初代文部卿として近代的教育の確立に力を尽くしました。深く歴史に学び、経世家として評価された大木が、新しい時代へむけて抱いた構想と功績に切りこみます。

佐賀偉人伝07 ISBN978-4-905172-06-2
江藤新平 星原大輔 著
江藤新平は、微禄の武士でありながら藩内で頭角を現わし、明治政府においては、司法や教育をはじめ日本のさまざまな制度づくりに活躍しました。本書は、江藤のさまざまな動きについて、綿密に追跡しながら明らかにしていきます。

佐賀偉人伝09 ISBN978-4-905172-08-6
佐野常民 國 雄行 著
佐野常民は日本赤十字の父として有名です。また、万国博覧会や内国勧業博覧会などの事業についても尽力しました。本書は、博覧会事業を通してうかがえる佐野の構想や業績を探ることにより、日本の近代化の一側面を描き出します。

佐賀偉人伝10 ISBN978-4-905172-09-3
納富介次郎 三好信浩 著
小城出身の納富介次郎は、日本の工芸教育のパイオニアです。海外視察の体験を生かし、日本の伝統工芸を輸出産業に発展させる方策を探求しました。日本各地に「工芸」教育の学校を興し、人づくりに貢献。異色の教育者の生涯を発掘します。

佐賀偉人伝11 ISBN978-4-905172-10-9
草場佩川 高橋博巳 著
多久邑に生まれた草場佩川は、二十代半ばにして朝鮮通信使の応接に関わり、その詩文や書画は通信使たちから絶賛されました。のちには弘道館の教授として、また文人として全国に名をとどろかせました。江戸時代に日本と朝鮮のあいだで交わされた友情の軌跡をたどります。